小学校英語の
文字指導

リタラシー指導の理論と実践
Literacy Teaching for Elementary School Students

アレン玉井 光江

東京書籍

まえがき

　人類はなぜ「文字」を発明したのでしょうか？　話し言葉と書き言葉の違いはどこにあるのでしょうか？　そして書き言葉から人類は何を得たのでしょうか？

　書き言葉について考えるとこのような疑問が次々とわいてきます。しかし，世界のすべての言語が書き言葉を持っているわけではありません。諸説ありますが，その数は半分以下だと思われます。書き言葉を持つ言語圏においても，すべての人々が書き言葉を獲得するわけではありません。書き言葉を持たない人は「非識字者」と呼ばれますが，おそらく世界人口の10％程度はそのような人々で，書き言葉を知らないまま生活を営んでいます。

　人は通常，周囲の環境から話し言葉を自然に習得していきますが，書き言葉はそうはいきません。意識的な学習が必要になり，専門的な知識を持つ人に教えてもらうという「教育」が必要になります。したがって，学校教育の大きな目標の一つが読み書き能力を育てるリタラシー教育であることは当然であり，その力が他教科学習の基礎を築きます。さらに，今やリタラシーはただ文を読み書きできるという力にとどまらず，さまざまなシンボルを含む多量のものを理解し，意味を再構築し，産出する力を意味します。学校教育においても生涯にわたり活用できる能力とすべく，リタラシー指導を進化させなければならないでしょう。

　本書では，日本人児童がどのようにすれば，外国語である英語のリタラシーを獲得できるのか，特に学校教育においてどのような指導が適切であるのかについて述べています。日本の公立小学校における英語教育への取り組みは，世界的な潮流から見るとその導入が遅く，やっと始動したばかりです。

　2020年度より公立の小学校では，初めて外国語（英語）が教科となります。これはグローバル化に対応するために行われている平成最後の英語教育大改革の一環であり，これでやっと英語の早期導入が実現するわけです。この大改革を実行するにあたり，その必要性にもかかわらず，小学校段階で最も遅れが目立っているのが，本書で取り扱っているリタラシー指導なのです。

私が児童英語教育におけるリタラシー指導の重要性を感じたのは，大学付属の研究機関で幼児から小学校の児童に英語を教えた経験からです。リスニングを中心にした音声教育を中心に授業を行っていましたが，ある程度の学習を積んだ子どもたちの英語力を伸ばすためには，技能を統合的に教えること，また日本人児童に合ったスモールステップでシステマティックなリタラシー指導が不可欠であると感じていました。また帰国児童を教えた経験からも，英語圏での滞在期間にかかわらず，文字と音との関連を理解して読める力を持っている児童は，英語の能力をより良く保持できることを知っていました。これらの経験から，日本のように生活の中に英語がない言語環境だからこそ，学習者は音を土台にしたリタラシーを身につけることが大切だと思うようになったのです。

　中学校以降の英語教育において，授業で何度も音読をする割には，初見の英文がスムーズに読めない学習者も多くいます。意味はわかるけれど日本語的にしか英語が読めない，または発音できない学習者も多くいます。これは文字と音の理解が乖離しているからでしょう。グローバル化および内なる国際化が進む現在，日本人が使える英語を身につけるためにも，音を大切にしたリタラシー指導が大変重要であると私は確信しています。

　私たちは小学校の入学前後から仮名文字を学習し，漢字を学んでいきます。国語の授業を通して日本語のリタラシーを身につけていきます。母語である日本語のリタラシーを獲得するのも難しいのですが，外国語という英語になるとそれはさらに難しくなります。だからこそ理論とそれを基にした実践，そしてその検証が必要です。

　本書で紹介している研究は，2回の科学研究費[1]により遂行したものです。これらの研究で，私は公立小学校での効果的なリタラシープログラムを開発するために，担任の先生方と実際にチームティーチングをしながら，現場へ

1　基盤B研究—「英語の初期学習者を対象としたリタラシー教育に関する研究—小中連携の観点から」（課題番号23320118, 2011〜2014年）と「21世紀型リタラシー獲得を目指した小中連携の英語プログラムの開発と検証」（課題番号16H03453, 2016〜2019年）。

の理論の応用とその検証を行ってきました。

　授業では毎回7〜8分程度を使い，帯活動としてリタラシー指導を行いました。週1回の指導でしたが，高学年の2年間の指導の結果，児童はアルファベットの大文字，小文字とその名前を完全に習得し，文字と音の関連についても子音についてはほぼ問題なく，母音についてもかなりの理解を示しました。

　そのような児童は当然，ある程度単語を読める力も身につけます。その効果は，彼らが中学校1年生のときに受けた外部英語テストにおいて，このプログラムを受けた生徒が他の生徒よりも最低点で30点以上も上であったことで証明されました。この結果，その地域全体でこのプログラムが導入されることになりました。その後，再び中学1年生を対象とした異なる外部テストの結果でも，他地域の生徒の成績と比べて英語だけはすべての中学校で点数が高く，プログラムの有効性を改めて認めるものとなりました。

　英語に特化した私立の中学校に入学した卒業生からも「塾などでやってきた人たちもいましたが，先生の音素体操（4章で紹介）のおかげで，音と文字との関係がわかっていたので，自信を持って英語を読むことができました」とお礼を言われたことがあります。最初は難しい顔をして授業を受けていた児童が，中学生になると英語ではクラスのリーダー的な役割を果たし，外部テストを積極的に受けていると中学の先生から聞いたときはとてもうれしく思いました。

　本書では，私がそのように研究者として取り組んできた研究について報告し，また児童英語教育の実践者として試みた公立小学校での活動を紹介しています。1章では，21世紀に求められるリタラシーについて考え，小学校での英語のリタラシー教育の目標を考えます。そして英語圏でのリーディング能力の発達についての理論を概説します。2章では読み書きの基本となるアルファベットと，その文字と名前の学習について書いています。3章では，リーディング能力を高めるために不可欠な力とされる音韻認識能力（話されている言葉の音構造に気づく力）について説明し，4章では，いわゆるフォニックスについて学習します。5章では，話し言葉とリタラシーの関連につ

いて，また効果的に話し言葉を育てる方法について述べます。6章ではリーディング能力をさらに高めるための効果的な指導法を解説します。最後の7章では，小学生を対象とした英語のライティング指導として，アルファベットの学習とフォニックスにも焦点をあてています。

　本書は，現在すでに子どもたちに英語を教えている先生，もしくはこれから先生になろうとしている人たちのために書きました。私は現場を踏まえた理論構築，または理論に基づいた指導法，および教材の開発につとめており，本書もその一つとして加わることになります。皆様方の実践にお役に立てれば大きな喜びです。

　本書を書くにあたり，客員研究員としてお世話になった Harvard 大学大学院教育研究科の Catherine Snow 教授，Pamela Mason 教授および Emily Galloway 講師から多くの助言や示唆をいただき，深く感謝申しあげます。先生方のリタラシーについての授業や研究会に参加し，アメリカにおけるリタラシー教育が直面している大きな課題と，それに果敢に挑戦されていた研究者や現場の先生方の努力を目の当たりにし，感動を覚えるとともに，日本人学習者が越えなければならない大きな試練を実感しました。このような在外研究の機会を与えてくださった青山学院大学にも感謝いたします。

　最後となりましたが，本書を執筆するにあたり，いつも勇気づけ，さらに的確なご助言をくださった東京書籍の岡本知之氏に心から御礼を申し上げます。また，私が今まで小学校でお世話になった先生方，研究を一緒に遂行した研究仲間の先生方，そしてすべての子どもたちに幾重にも感謝します。皆様のおかげでこの本を完成することができました。ありがとう。

アレン玉井 光江

もくじ

まえがき……2

1章 21世紀のリタラシー教育……9

2章 アルファベット学習（1） 字形と名前……23
【活動】①アルファベットの形に慣れよう／②アルファベット・ソングを歌おう／③アルファベット・ジェスチャーゲーム／④文字カードを見せよう／⑤アルファベット・カルタ／⑥アルファベットの形を体で作ろう／⑦アルファベット・ビンゴ／⑧アルファベット伝言ゲーム／⑨アルファベット・ミッシングゲーム／⑩早くカードを置こう（1）／⑪早くカードを置こう（2）／⑫文字の前後は何かな？

3章 音韻認識能力を伸ばす学習……45
【活動】①マザーグースに親しもう／②チャンツに親しもう／③消しゴムゲーム／④始まりの音に気づこう／⑤ハイ・テンゲーム／⑥同じライムを探そう／⑦「つかまえた！」ゲーム／⑧サウンド・テニス／（附録）ローマ字から音素を学ぼう

④章 アルファベット学習（2） 字形と音（フォニックス）……81

【活動】①音素体操をしよう／②音素体操からフォニックスへ／③文字の名前と音を復習しよう／④オンセットの文字を考えよう／⑤ライム (rime) から単語を作ろう／⑥ダイグラフ（2字1音）を学ぼう／⑦短母音を学ぼう／⑧短母音を言ってみよう／⑨長母音を学ぼう／⑩短母音と長母音の違いを学ぼう／⑪長母音が含まれる単語を読もう

⑤章 話し言葉とリタラシー……117

【活動】歌を使った活動をしよう(1)〜概説〜／①物語を通して歌詞を学ぼう(1)／②動作をつけて歌おう(1)／③独自のバスの歌を作ろう／歌を使った活動をしよう(2)〜概説〜／④物語を通して歌詞を学ぼう(2)／⑤動作をつけて歌おう(2)／⑥淡水魚と海水魚について考えよう

⑥章 リーディングの学習（初期段階を終えて）……147

【活動】①短母音を復習しながら単語を学ぼう／②長母音を復習しながら単語を学ぼう／③サイト・ワードを学ぼう／④文を読んでみよう（中学生用）

⑦章 ライティングの学習……171

【活動】①文字を写そう／②名前を聞いて文字を書こう／③音を聞いて文字を書こう(1)／④音を聞いて文字を書こう(2)／⑤短母音が含まれる単語を書こう／⑥長母音が含まれる単語を書こう／⑦単語を挿入して文を作ろう／⑧例文を参考に文を書こう

参考文献……199　　　索引……205

1章

21世紀のリタラシー教育

現代社会に不可欠なリタラシー

　人類が言語を手にしたのは今から三〜五万年前と言われています。しかし実は，書き文字を手に入れたのは，わずか五千年前にすぎないとも言われます(中島・外池，2000)。文字は「ことばを視覚的に表すために，点・線などを組み合わせて作った記号」(明鏡国語辞典)と定義されていますが，私たちは文字を得たことにより，時空を超えたコミュニケーションができるようになりました。インターネットを中心とした情報化社会である現代において社会の構成員として生きていくためには，この文字を読み書きする力，すなわちリタラシーが必要であることは言うまでもないでしょう。

　もう少し詳しく言えば，リタラシーとは「書かれていることの意味を理解し(リーディング)，また文字によって意味を伝える(ライティング)活動」です。そして，文字を通して意味をやり取りし，意味を構築するこの活動には，個々人が持っている知識，態度，興味，感情，そして社会的な価値観などさまざまなものが影響を及ぼしています(Fu & Matoush, 2015)。

　ユネスコは 2004 年に発表した「The plurality of literacy and its implications for policies and programs」という報告書において，リタラシーを下記のように定義しています。

"Literacy is the ability to identify, understand, interpret, create, communicate and compute, using printed and written materials associated with varying contexts. Literacy involves a continuum of learning in enabling individuals to achieve their goals, to develop their knowledge and potential, and to participate fully in their community and wider society." (p. 13)
(リタラシーとは，さまざまな文脈に関連する印刷物や書物を使い，認識，理解，解釈，創造，伝達，そして算定していく力である。リタラシー学習を続けることにより，自らの目標を達成し，知識を増やし，可能性を広げ，自分の属する集団だけでなく，外の世界に対しても参加することを十分に可能にしてくれる)

また，この報告書では過去半世紀にわたり，私たちに要求されるリタラシーが量，質ともに大きく変化し，現在，私たちはより多くの複雑な文章や専門的に高度な書き物を理解し，反応しなければならないことも指摘されています。つまり，私たちは単に「読み書きができる」だけでなく，文字以外の記号を含むさまざまな形で表現されている書き物を理解し，問題を解決し，表現していく力を獲得しなければいけないということになります。

必要なリタラシーは高度化している

　しかし，報告書の中ではユネスコの半世紀にもわたる挑戦にもかかわらず，世界中で8億もの人が非識字者になるだろうと推定されていました。これは現在70億を超えると推定される世界人口の1割以上にあたる数になります。文字が読めないということは，多くの場合，仕事に就けないことを意味するため，貧困による負の連鎖からも抜け出すことができません。ですから人に生きる力を与えるものの中でもリタラシー能力は，最も重要な力の一つであると言えるでしょう。

　この能力を使えば，人々はさまざまな媒体から情報を収集し，新しい世界を知り，必要とあれば自分の考えや属している社会を変えていく力を養うことができます。また，音声言語とは異なる観点から，「書き言葉」を通して私たちは自分自身を深く知ることができ，自分を含め，人間についての理解をさらに深めることができるのです。

　ユネスコの報告書が指摘しているように，21世紀において私たちにとって必要なリタラシーは高度で複雑です。しかも，私たちは母語においてこのようなリタラシーを獲得しつつ，さらに英語においてもリタラシーを獲得していくことが求められています。今や国際共通語としての英語の地位はゆるぎないものであり，常に国を超えて，他言語話者と英語での意味のやり取りをすることが要求されるようになっています。母語そして母語社会に対する理解を保持しながら，国際共通語としての英語を自由に使いこなせる力と柔軟性を持つことが要求されているわけです。私たち日本人にとっても，日本語で培った言語力をはじめ，さまざまな能力を維持し，成長させながら，英

語の意味を理解・産出し，意味のやり取りを行うことが必要になっています。

　本書では，対象者が言語的にも認知的にも限定的な力しか持たない，主に小学生を対象とした英語のリタラシー指導について考えていくので，リタラシーを「英語で書かれているものを読み，そして英語で書くことができる能力」として限定的に扱い，「読み手」「書き手」「書かれたもの」を対象としたカリキュラムや指導法について述べていきます。

　しかし繰り返しますが，前述したように今の私たちに求められている英語のリタラシーはより複雑で，ダイナミックであることは改めて確認する必要があるでしょう。

日本の英語教育とリタラシー

　近年，グローバル化への対応から，世界中で初等教育段階における英語教育の需要が高まっています。この分野では大幅に立ち遅れている日本でも，その重要性が認識され，対応が始まっています。ここでは公立小学校に英語が教科として導入されるに至ったその経緯と，その中でリタラシー教育がどのように取り扱われてきたのかを見ていきましょう。

1　公立小学校における外国語教育の変遷――外国語科の導入まで

　公立小学校における外国語活動は，1992年に大阪の二つの市立小学校から始まりました。1996年には各都道府県に少なくとも一つの研究開発指定校が設置され，国際理解教育の一環としての英語活動が導入され，実験が進められました。

　1998年告示の学習指導要領では，児童の学習負担を軽減することを目標に各教科の教育内容が見直されて削減される中，新たに「総合的な学習の時間」が設定されました。この総合的な学習の時間の枠内で，国際理解に関する学習の一環としての外国語会話などを実施することが可能になりました。その結果，多くの小学校で外国語会話が実施されましたが，学校裁量で行われたことから，実施形態は千差万別でした。文部科学省は教育の機会均等，また中学校への連携を考え，これ以上差が広がるのは大きな問題であると考

え，2008年告示の学習指導要領のもと，高学年を対象とした週1回の外国語活動を新設し，必修科目としました。

　外国語活動の導入に伴い，外国語に対する興味や学習意欲が高まり，中学校でも積極的に外国語に取り組もうとする児童が増えたという良い効果が報告されました。しかし一方では，「①音声中心で学んだことが，中学校の段階で音声から文字への学習に円滑に接続されていない，②日本語と英語の音声の違いや英語の発音と綴りの関係，文構造の学習において課題がある，③高学年は，児童の抽象的な思考力が高まる段階であり，より体系的な学習が求められる」(学習指導要領解説，2017a，p. 7)などの課題が指摘されました。

2　外国語教育におけるリタラシー指導──外国語科の導入まで

　総合的な学習の時間の枠内で英語活動が行われていた時代，文部科学省は英語活動の目的を，異なる文化を持つ人々を理解する力を育てることとし，「英語のスキルを教えることはしない」という立場を取ってきました。そのため「読み書き」指導は避けられ，音声による指導のみを行うことが望ましいということになりました。『小学校の英語活動実践の手引き』(文部科学省，2005)では，「小学校での英語において，日本語とは音声，文字，文法，語順などが異なる英語をすべて同時に導入することは，子どもの学習にとって大きな負担になり，英語嫌いを生み出す大きな要因となる。<u>したがって，小学校段階では，音声と文字とを切り離して，音声を中心にした指導を心がけることが大切である</u>」(p. 5)と書かれており，文字指導はしなくてもよいとされています。

　この考え方は，次のように訳された英語文でさらに強く示されています(下記英文は上記下線部の訳)。

Consequently, at the elementary school stage, it is important to separate spoken and written English and focus instruction only on spoken English.

(『小学校の英語活動実践の手引き』p. 126)

このように，英語のリタラシー指導は子どもたちの学習の負担になるという理由から敬遠されてきたわけです。

　しかし，必修科目として導入された外国語活動の副読本として，移行期間を含め当初3年間使用されていた『英語ノート』(2009年〜2011年使用)では，6年生の最初のユニット「アルファベットで遊ぼう」において文字に触れる活動が導入されました。続いて外国語活動の副読本として使用された『Hi, friends!』(2012年〜2019年使用)では，『Hi, friends! 1』(5年生用)の「アルファベットをさがそう」(Unit 6)で大文字，『Hi, friends! 2』(6年生用)の「アルファベットクイズを作ろう」(Unit 1)で小文字が導入されています。

　さらに文部科学省は，「英語教育の在り方に関する有識者会議」報告(2014年9月)における提言を受け，「読む」「書く」の態度の育成を含めたコミュニケーション能力の基礎を養うための補助教材『Hi, friends! Plus』を作成しました。これはデジタル教材(CD-ROM配布)でしたが，ワークシート(文部科学省のホームページに掲載)とともに「英語教育強化地域拠点事業」の研究開発学校や教育課程課研究開発学校(約120校)および教育課程特例校(約2100校)へ配布され，文字教育の足掛かりを作りました。映像や音声を活用し，①アルファベット文字の認識，②日本語と英語の音声の違いやそれぞれの特徴への気づき，③語順の違いなど文構造への気づき，などが育成されるように作成されました。

外国語活動(中学年)の目標

　文部科学省はグローバル化に対応した外国語教育を推進するため，2017年告示の学習指導要領において，高学年の教科としての「外国語」，そして中学年の領域科目としての「外国語活動」を新設しました。ここではそれらの目標を中心に二つの科目について簡単に紹介したいと思います。

　まずは中学年(3，4年生)を対象とした外国語活動ですが，週1回実施される必修の領域科目です。教科ではないので評価はなく，教科書もありません。文部科学省は外国語活動の教材として『Let's Try! 1』(3年生用)と『Let's Try! 2』(4年生用)を作成し，2018年度から使用できるように各小学

校に配布しました。2017年告示の学習指導要領では，外国語活動の目標は，以下のように設定されています。

外国語活動の目標

外国語によるコミュニケーションにおける見方・考え方を働かせ，外国語による聞くこと，話すことの言語活動を通して，コミュニケーションを図る素地となる資質・能力を次のとおり育成することを目指す。

(1) 外国語を通して，言語や文化について体験的に理解を深め，日本語と外国語との音声の違い等に気付くとともに，外国語の音声や基本的な表現に慣れ親しむようにする。

(2) 身近で簡単な事柄について，外国語で聞いたり話したりして自分の考えや気持ちなどを伝え合う力の素地を養う。

(3) 外国語を通して，言語やその背景にある文化に対する理解を深め，相手に配慮しながら，主体的に外国語を用いてコミュニケーションを図ろうとする態度を養う。

外国語科(高学年)の目標

そして中学年からの外国語活動で「聞くこと」「話すこと」を中心に外国語学習への動機を高めた児童に，「読むこと」「書くこと」を加えて総合的に外国語学習を行う目的で，5，6年生を対象に外国語が導入されました。文部科学省は移行期間(2018年と2019年)に使用する教材として『We Can! 1』(5年生用)と『We Can! 2』(6年生用)を作成し，2018年度に各小学校に配布しました。その目標は以下のように設定されています。

外国語の目標

外国語によるコミュニケーションにおける見方・考え方を働かせ，外国語による聞くこと，読むこと，話すこと，書くことの言語活動を通して，コミュニケーションを図る基礎となる資質・能力を次のとおり育成することを目指す。

(1) 外国語の音声や文字，語彙，表現，文構造，言語の働きなどについて，日本語と外国語との違いに気付き，これらの知識を理解するとともに，<u>読むこと</u>，<u>書くこと</u>に慣れ親しみ，聞くこと，<u>読むこと</u>，話すこと，<u>書くこと</u>による実際のコミュニケーションにおいて活用できる基礎的な技能を身に付けるようにする。

(2) コミュニケーションを行う目的や場面，状況などに応じて，身近で簡単な事柄について，聞いたり話したりするとともに，音声で十分に慣れ親しんだ外国語の語彙や基本的な表現を推測しながら<u>読んだり</u>，語順を意識しながら<u>書いたり</u>して，自分の考えや気持ちなどを伝え合うことができる基礎的な力を養う。

(3) 外国語の背景にある文化に対する理解を深め，他者に配慮しながら，主体的に外国語を用いてコミュニケーションを図ろうとする態度を養う。

(いずれも下線は著者による)

外国語活動と外国語科におけるリタラシー教育

2017年の学習指導要領における外国語活動では，『Let's Try! 1』(第3学年)で「ALPHABET　アルファベットとなかよし」(Unit 6)で大文字，『Let's Try! 2』(第4学年)の「Alphabet　アルファベットで文字遊びをしよう」(Unit 6)で小文字を学習します。さらに教科になった外国語では，英語学習の目標として5領域(聞くこと，話すこと〈やり取り〉，話すこと〈発表〉，読むこと，書くこと)における具体的な目標が示されていますが，そのうち読むことと書くことの目標は以下のようになっています。

読むこと

ア　活字体で書かれた文字を識別し，その読み方を発音することができるようにする

イ　音声で十分に慣れ親しんだ簡単な語句や基本的な表現の意味が分かるようにする。

書くこと

ア　大文字，小文字を活字体で書くことができるようにする。また，語順を意識しながら音声で十分に慣れ親しんだ簡単な語句や基本的な表現を書き写すことができるようにする。
イ　自分のことや身近で簡単な事柄について，例文を参考に，音声で十分に慣れ親しんだ簡単な語句や基本的な表現を用いて書くことができるようにする。

　また，文部科学省は『小学校外国語活動・外国語 研修ガイドブック』(2017b)において，外国語の読むことの指導について「『文字の読み方』には文字の"名称の読み方"と，"文字が持っている音"がある。外国語活動と異なり，外国語科では"文字が持っている音"まで加えて指導する」(p.18)と，目標を明確にしています。本書では，学習指導要領やガイドブックで指導することとされているアルファベットの文字の名前と音の学習は，2章から5章にかけてその指導理論と具体的な活動を紹介しています。

リーディング能力の発達──トップダウンとボトムアップ

　さて，ここからは6章の終わりまで，リタラシーの二つの能力のうち，リーディング能力の発達について考えていきたいと思います。リーディングには，書かれている単語を音に変換して理解する側面と，文の内容を自分の知識や世界観と照らし合わせて意味を理解・解釈するという二つの側面があります。そして，リーディングのメカニズムには，p.19の表1－1で示すように大きく分けて二つの考え方があります(アレン玉井，2010)。

　一つめはボトムアップ・アプローチ(bottom-up approach：上昇アプローチ)と呼ばれ，何かを理解する過程において，データの中にある情報(語や文)を，文字⇒単語⇒文全体へと，小さな単位から大きな単位の情報へと積み上げ，理解を深め，全体を理解していく方法です。そのため，部分を中心にした(part-centered)アプローチと呼ばれることもあります。例えば，The dog can run fast. という文を理解するとき，一つひとつの文字 d, o, g には特別な意味はありません。ただそれぞれの文字が持つ /d//ɑ//g/ の音を合わせると

dog という意味のある単語になります。そして，それぞれの単語を理解し，文法知識を使いながら The dog can run fast. という文の意味を理解していきます。これにはフォニックス・アプローチ(phonics approach)，リンギスティック・アプローチ(linguistic approach)[1]，サイト・ワード・アプローチ(sight word approach)[2]，ベイサル・リーダー・アプローチ(basal reader approach)[3] などがありますが(Ediger, 2001)，本書ではフォニックス・アプローチとリンギスティック・アプローチの一部について考えていきたいと思います。

一方で，すでに持っている知識を利用し，入ってきた情報を理解，または処理をしようとするのがトップダウン・アプローチ(top-down approach)と呼ばれる考え方です。私たちはテキストに書かれている単語や文だけから情報を得るのではなく，常に自分の知識や経験から内容を想像し，予測しながら積極的にテキストに関わっています。

このようにメッセージを読み取り，予測ができるのは，読み手が外界を認識する知識の枠組み(スキーマ)，またはものごとを認識，理解する力(world knowledge)を持っているからです。リーディングのこのような性質を，ホール・ランゲージ[4]の提唱者であるグッドマン(1967)は「リーディングは精神的な推測ゲーム(psychological guessing game)である」と述べました。意味を中心に全体から細部を考えるため，このアプローチは意味理解に重点を置いたアプローチ(meaning-emphasis approach)とも言われます。

またこれらのアプローチには言語体験アプローチ(language experience approach)[5]，文学を中心にしたアプローチ(literature-based approach)[6]，そしてホール・ランゲージ・アプローチ(whole language approach)があります

----

1 スペルが固定化している文字群(ライム：rime)を使用したり，音素に対応させるように特殊な文字を使用して文字と音の関連性を教えるアプローチ。
2 音素に分節しないで単語をそのまま全体で覚えるように指導する方法。
3 初心者を対象とした読み物。語彙や文法などが統制され，簡単なものから難しいものへと順序立てて作られているリーディング教材。
4 学習者中心の全人的な教授法。環境を整えれば，音声言語同様に自然に読むことも習得できると考える。(5章参照)
5 慣れ親しんだ言語材料を読むことで読む力を伸ばす。学習者が語るお話を書き取り，それをリーディング教材にする。
6 学習者の興味，関心に合わせて適切な文学書を選び，意味を理解しながら読むことを指導する。

(Ediger, 2001)。本書では5章でホール・ランゲージ・アプローチについて言及します。

①ボトムアップ・アプローチ （bottom-up approach）	②トップダウン・アプローチ （top-down approach）
フォニックス・アプローチ （phonics approach）	ホール・ランゲージ・アプローチ （whole language approach）
リンギスティック・アプローチ （linguistic approach）	言語体験アプローチ （language experience approach）
ベイサル・リーダー・アプローチ （basal reader approach）	文学を中心にしたアプローチ （literature-based approach）

表1-1　リーディングへのアプローチ

　英語圏ではリーディング指導においてこのどちらのアプローチがより有効であるか，長年議論されてきました。実際はどちらも大切ですが，初期段階では，基本的には音声言語を伸ばしつつ，フォニックス的な音と文字のルールを教え（ボトムアップ・アプローチ），子どもがある程度単語が読めるようになった段階で「本物の（authentic）本」を読み，内容の理解を促す活動（トップダウン・アプローチ）に進むのが良いとされています（Adams, 1990）。

リーディングの発達段階

　それではこれから本格的に日本人児童のリーディング指導を考える前に，理論的な背景を得るため，英語を母語とする子どもたちがどのようにリーディング能力を身につけていくのかを概観しましょう。

　この分野では，ハーバード大学のシャールが早くから子どもたちのリーディングの発達について研究し，図1-1のような発達段階説を提案しています（Chall, 1967, 1983; Chall, Jacobs, & Baldwin, 1990）。Stage 0～2までが「読み方を学ぶ段階（Learning to Read）」，それ以降は「学ぶために読む段階（Reading to Learn）」です。

　本書では児童を対象にしていますので，最初のStage 0～2で必要な知識や技能について考えていきますが，この時期は英語圏の子どもたちにとって

も文字と音との関係を学習し，単語や文を音読する力を育てることが最も重要であることがよくわかります。

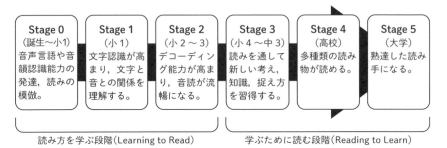

図1−1　シャールによる読みの発達段階説

　それぞれのステージの年齢については，学習者が置かれている環境により，多少のずれはでてくるようです。しかし重要なことは，その前のステージの能力が獲得されていなければ，各ステージの能力を身につけることはできないというシャールたちの主張です。

リーディングの何につまずくのか？
　同じくハーバード大学で長年アメリカ人児童のリーディング問題について研究しているスノウは，幼児や児童がリーディング能力を獲得する上で抱える問題についての多くの研究を精査し，初期段階でリーディングにつまずく子どもたちの問題を次のようにまとめています。

① アルファベットの文字が規則的に音声を表しているという文字と音との関係，つまりアルファベットの原則（alphabet principle）を理解できず，その知識をうまく使えないという問題。
② 話し言葉を理解するときに使用するストラテジーを，うまく書き言葉の理解に応用できないという問題（例えば，聞いているときに情報の要点をまとめたり，整理したりするため使っているストラテジーを，読むときに

は活用できていない)。また,文字言語を解釈するときに必要な新しいストラテジーを獲得していないという問題。
③　前述の二つの失敗の原因でもあるが,もともと「読む」ということに対して強い動機を持たない。リーディングによってもたらされる恩恵を正しく評価していない。　　　　　　　　　　　　（Snow, Burns, & Griffin, 1998: p. 4）

　上記の①,②で指摘している能力については英語を学習する日本人児童も獲得すべき知識,技能でしょう。特に小学生という年齢を考えると,①の「アルファベットの文字が規則的に音声を表している」という知識や技能の獲得が望まれるところです。

リーディングの基礎的なスキル

　③の「読むこと」に関する動機については,子どもたちが属している社会（ミクロに言えば家庭や学校,そしてマクロに言えば社会全体）が,「読むこと」「書くこと」をどのように評価しているのか,その態度に大きく影響を受けることになります。日本人児童の場合,第一言語（日本語）でのリタラシーの重要性は,ミクロおよびマクロ社会において,十分に価値づけされています。しかし,英語のリタラシーについてはどうでしょうか。日本という社会（マクロ）,地域,家庭,学校（ミクロ）の中で英語の読み・書きがどのように位置づけられているでしょうか。英語の読み・書きについて先生がどのように意義づけ,または価値づけするかが重要であり,学習者に大きな影響を与えることになります。

　アメリカでは初期リタラシー指導に関しては,リーディングに関する全米調査委員会（National Reading Panel）の報告が大きな影響力を持っています。この報告書は,1997年NICHD（National Institute of Child Health and Human Development）が,アメリカ議会の依頼によって教育庁と共同で進めた大規模な研究です。全国から14名の研究者や教師が集まって,この研究を進めました。その結果,リーディングに関するスキルとして小学校低学年までに身につけていなければならない力は,音素認識能力（phonemic awareness），

話し言葉(oral language)，フォニックス(phonics)，語彙(vocabulary)，流暢さ(fluency)，テキスト解釈(text comprehension)と報告されました(National Reading Panel, 2000)。

　このような研究や理論は第一言語学習者を対象に報告されたものですが，第二言語として英語を学習する日本人児童についても同様のことが言えるでしょう。本書ではこれらの理論や研究に沿う形で，日本人の学習者に必要と思われる要素として，2章でアルファベット学習，3章で音韻認識能力，4章でフォニックス，5章で話し言葉とリタラシーの関係，そして6章で単語や文の解釈について取りあげて，リーディングについての理論と実践を紹介していきます。7章ではライティングを取りあげます。音を大切にしたリタラシー指導のあり方について，一緒に考えていきましょう。

ここがポイント！

- ☑ リタラシーとは文字からその意味を理解し(リーディング)，文字を使って意味を伝える(ライティング)活動である。
- ☑ 私たちに要求されているリタラシーは量・質とも大きく変化し，複雑化している。
- ☑ リタラシーは人に生きる力を与えるものとして，最も重要なものの一つである。
- ☑ 新しく小学校で教科になった外国語では「読み・書く」技能を伸ばすことになった。
- ☑ リーディングには二つのプロセス(トップダウンとボトムアップ)がある。
- ☑ 英語圏の児童を対象にした研究では，リーディング能力の発達に特徴的な段階があるとする発達段階説がある。
- ☑ 英語圏の研究より，リタラシーを得るため，初期学習者が獲得すべき力が明らかにされた。
- ☑ 学習者の置かれている環境でリタラシーがどのように価値づけされているかが，リタラシーの成長に大きく影響する。

2章

アルファベット学習(1)
字形と名前

初期のリーディングに重要な二つの能力

　1章ではリタラシーの定義，またリーディングに関する理論やリーディング能力の発達について概括しました。そして，そこで紹介したリーディングに関する全米調査委員会(National Reading Panel)の報告や，この調査委員会では調査対象にならなかった0歳から5歳児のリタラシーの発達に関する研究をした初期リタラシーに関する全米調査委員会(National Early Literacy Panel)の報告から，リーディング能力の発達には「アルファベットの文字に対する知識(「文字と名前」と「文字の音」の関係を知る力)」と「音韻認識能力」という二つの能力が重要な役割を果たすことがわかっています(Share, Jorm, Maclean, & Matthew, 1984; Snow, Burns, &Griffin, 1998; Ehri, Nune, Willows, Schuster, Yaghoub-Zadeh, & Shanahan, 2001; National Early Literacy Panel, 2008)。

　この二つの能力のうち，本章ではアルファベットに関する知識について考えていきたいと思います。ただし，上記のアメリカでの調査報告会では，アルファベットの知識の中には，「文字とその名前(例：Bと/bɪː/)」と「文字とその音(例：Bと/b/)」の両方が含まれますが，本章では前者の文字とその名前に関する知識だけをアルファベットの知識として扱うので注意してください。また，英語圏においてアルファベットの知識に関する研究は，音韻認識能力に関する研究と比べると数が少ないのが現状です。その原因は，多くの人がアルファベットに関する知識は自然に身につくと考えているからだと想定されています。

音韻認識能力の観点から

　さて，これからアルファベットに関する知識について述べていくわけですが，まず，英語圏の子どもたちは日常生活の中でアルファベットを学習しながら文字を学んでいるだけではなく，次章で詳しく説明するように，文字の名前に含まれる音韻構造に対する気づきも高めているとの報告があることを理解しておく必要があります(Treiman, 2006)。そのように考えると，アルファベットの学習を音韻認識能力の観点から考えることもできるでしょう。

これはつまりアルファベット学習が，文字の字形を覚えることにとどまらず，音の学習につながっていくということを示しています。

つまり，英語圏の子どもでさえもリーディング能力を発達させるにはまず，アルファベットに関する知識を十分に身につけなければならず，その際，音に対する意識も高めていくのです。英語を学ぶ日本人の子どもたちにとっては，それを身につける重要性はさらに増すことになるでしょう。

単語習得にも影響を与える

さて，教育学や認知学の分野で世界的に著名なアメリカの研究者アダムスは，アルファベット学習に関する研究をまとめ，英語を母語とする子どもたちにとってアルファベット学習がどのような影響を与えているかについて，下記のようにまとめています(Adams, 1990)。ちなみにこの本では，文字の形については「字形(shape)」(例：B)，その読み方(例：/bɪː/)を「名前(name)」，そして文字の音(/b/)を「音(sound)」と表しています。

- (就学前の子どもの場合)ある程度の速さと正確さでアルファベットの文字の名前が言える子どもは，そうでない子どもと比べ，文字の音や単語のスペルに関してより深い理解を有する。
- (小学校に通う子どもの場合)文字の字形と名前が十分にわかっている子どもは単語を見る際，一つひとつの文字に分解しないで全体的に文字の配列を把握し，処理することができる。一方，字形やその名前の理解が不十分な子どもは，単語の中の一つひとつの文字の確認に時間がかかり，単語全体を捉えることができず，何を意味しているのか考える余裕もなく，単語を記憶するところまでたどり着けない。
- (どの年齢の子どもでも)アルファベットの字形とその名前がわかる子どもは，文字の音についても早く習得できる。これは多くの文字の名前がその文字の音と関連しているからである。つまり B/b を /bɪː/ と読み，認識できる子どもは B，b で表される /b/ という音に気づき，早くから習得することができる。

以上のことから，単語を認識するためにもアルファベットに関する知識を持つことが重要であることがわかります。さらに，文字を速く正確に理解することの重要性も指摘されています。つまり，一つひとつ考えながらではなく，素早く反応する力——自動化された力——を身につけることが大切になってきます。

まずは字形を理解する

　さて，改めて「アルファベットを学ぶ」ということはどういうことか，考えていきましょう。

　繰り返しますが，図2−1で示しているように，アルファベットの学習は文字の字形とその名前(例えばAと/eɪ/)を合致させて，覚えていくことを意味します。つまり，視覚刺激と聴覚刺激を組み合わせて認識するわけです。一見，あまりに基礎的な力なので，リーディング能力の発達に関係ないように思われますが，実は違います。すべてのリーディング学習の基礎になっていることはこれまで述べてきたとおりです。

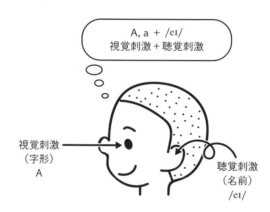

図2−1　アルファベットの学び

　そのため学習者はまず，文字の字形を視覚的に正しく把握しなければなりません。例えばAという文字には「横線が真中にあり，左右に斜めの線が

あり，斜線が上で交差しており，左右対称である」という弁別特徴[1] (distinctive features) があります。字形の理解とは言い換えれば，これらの弁別特徴を理解することと言えます。

　なお，字形の認識・理解に関しては，大文字より小文字の認識がかなり難しくなります。それは文字が小さくなるというだけではなく，この弁別特徴が少なくなり，さらに文字の高さ，いわゆる4線上の文字の位置に意味が出てくるからです。そのため，高学年になっても「小文字が苦手！」「小文字は嫌だ！」といった小文字の学習に困難さを感じる児童は少なくありません。そのため私は通常，大文字の指導より3倍の時間をかけて小文字を指導するようにしています。それでも小文字の学習は児童にとって難しいようです。

　加えて，幼児や低学年の児童の中には，大文字のMとWを混同したり，Jをひらがなの「し」と書いたり，またN，S，Zを鏡文字にして書く子どもも少なくありません。小文字になると前述のように，このような字形を混同する間違いがさらに増加します。高学年でもb，d，p，qなどの混同が目立ってきます。

　しかし，誤りの中には字形認識ができないというよりも，英語の音の理解が十分でないために起こるものも多くあります。字形の認識という点からは，幼稚園または低学年ではていねいに指導する必要があるものの，アルファベット以上に字形が複雑な漢字を学習している子どもにとって，特に中学年以上の子どもたちにとっては，26文字の字形を認識するのはさほど難しいことではないでしょう。

　アルファベットの字形の認識を高める活動としては，文字を見て，その形を認識する活動，または文字を見てそれを写して書く，写字活動が中心となると考えられます。写字をさせる場合は，児童の年齢に合わせて4線を使用するかどうか，また使用するとしても，線の間隔をどの程度の大きさにするのかなどに注意をする必要があります。

1　『英語のリーディング』(松村，1984，p. 44) に引用されている Gibson, E. J. (1970). The Ontogeny of Reading. American Psychologist, 25(2), 136-143. より。

文字と名前の対応を学習する

　アルファベットの学習で字形を認識できるようになったら，次は文字の名前を英語の音でしっかり認識，理解する段階に入ります。つまりAの場合，この字形が /eɪ/ という名前であることを理解するということです。

　最初の段階で大切なのは，英語音でアルファベットの名前をしっかり理解する力を養うこと，つまり本格的な英語の発音で聞き，のちに自分でもきちんと英語の音で発音できるようにすることです。音の分類については諸説ありますが，アルファベット26文字の中には，子音15音，二重母音と短母音合わせて母音9音，半母音2音が含まれています。つまり，アルファベットの文字の名前を学習することで，学者により数は若干異なりますが，通常44音(Gimson, 1980)あるといわれる英語音の6割弱，子音にいたっては7割弱の音に触れることになるわけです。GとZの混同，BとVの混同は，字形がわからないのではありません。/dʒ/ と /z/ または /b/ と /v/ の音の聞き分けが難しいことから起こるのです。そのため英語の音で文字の名前をしっかり認識して理解することは，文字とその音を理解するときにもとても役立ちます。

　授業では，文字とその名前を理解する活動から始めます。先生(もしくは教材)が文字の名前を言うのを聞いて，対応する文字を選ぶ活動などを通して，児童は文字とその名前を覚えていきます。前述したように，名前に含まれる英語音の理解が重要であり，日本語にはない音(例：/v/)も含まれるため，児童には意識して音を聞いて，言うように指導しましょう。

　ちなみに，小学校3年生でローマ字と英語が導入されますが，児童が字形に慣れるという点においては，ローマ字学習はアルファベットの文字学習にプラスになると思われます。しかし，ローマ字はあくまでも外国人が日本語に近い音を出すための表記であり，アルファベット学習とは異なります。そのため，アルファベットを読むときにローマ字と混同する児童や，日本語音で理解してそのまま産出する児童が出てくる可能性があります。その意味でも，アルファベットの名前を正しく英語音で認識できるように指導することが重要になってきます。

アルファベット学習の5段階

　文字とその名前の対応が理解できるようになったら，次に文字を見てその名前が言えるように指導します。"The Alphabet Song" の映像などを使えば，最初から文字の認識と産出を同時に指導することができます。文字の名前を英語の音としてしっかり発音できるように指導することが大切です。

　最後に，文字を見てその名前が言えるようになったら，名前を聞いて文字が書けるように指導します。英語で文字の名前をしっかり聞き分け，対応する文字を正しく書くことができるようにします。そのあとのリーディングにつながる力として，この音を聞いて書ける力が大きく影響していると考えられるからです(p.30の図2－2参照)。具体的な活動については第6章をみてください。

　さて，これまでの内容をまとめると，アルファベット学習には以下の5段階があると言えるでしょう。

① 文字の形を正しく認識できる。
② 英語の音で文字の名前を理解することができる。
③ 文字の名前を聞いて，それに対応する文字が理解できる。
④ 文字を見て，英語の音でその名前を言うことができる。
⑤ 文字の名前を聞いて，それに対応する文字を書くことができる。

　これから紹介される活動は，⑤以外はこの流れに沿って掲載されています。だいたいの文字が読めて，書けるようになったら，さらに複数の文字の練習をして，文字認識の自動化を進めます。単語認識や文字と音との関係についての学習を進めるうえでも極めて大切な能力です。

日本人児童を対象にした研究

　さて，ここからは私が日本で行ってきた，アルファベット学習に関する研究を紹介したいと思います。この研究では，公立小学校に通う高学年児童246人を対象に，アルファベット学習を通じて，彼らの理解が5年生から6

年生の2年間，どのように変化するのかを縦断的に見ていきました。第1回の測定時（T1）は参加者が5年生の4月，第2回の測定時（T2）はその1年後の彼らが6年に進級した4月，そして最後の測定時（T3）は彼らが卒業する直前（2月）でした。テストには，アルファベットの名前を聞いてそれに相当する文字を選ぶものが31問，アルファベットの名前を聞いてその文字を書く問題が19問ありました。前者は文字の形とその名前を認識する力，後者はそれを産出する力を測定したものです。T1では大文字のみのテスト，T2では小文字のみのテスト，T3で大文字，小文字のテストを行いました。この研究に参加した児童は大文字を学習したあとに小文字を学習するという指導法を受けていたので，その順番で能力が測定されています。

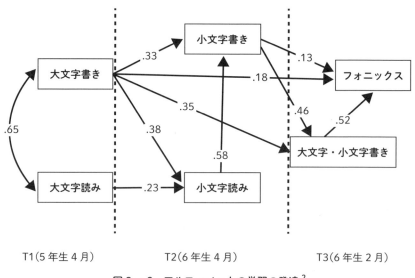

図2-2　アルファベットの学習の発達[2]

　図2-2は回帰分析の結果を表すパス図です。数字は標準化回帰係数（β）を表し，数値が高いほど影響力が高いことを示しています。

2　これは科学研究費基盤B（課題番号：23320118　研究代表者名：アレン玉井光江）「英語の初期学習者を対象としたリタラシー教育に関する研究―小中連携の視点から」の研究で行いました。

結果を見ていくと，5年時の「大文字を読む力」と「大文字を書く力」には相関がありました。「大文字を読む力」は「小文字を読む力」のみに影響を及ぼし，「小文字を書く力」には影響を及ぼしていません。また，T2で測定された「小文字を読む力」は「小文字を書く力」にかなり影響していますが($β = .58$)，T3で測定された大文字，小文字を書く力には影響を与えていませんでした。T1で測定された「大文字を書く力」($β = .35$)，またT2で測定された「小文字を書く力」($β = .46$)は，T3で測定された「大文字，小文字を書く力」に影響を及ぼしていることがわかりました。

　最終的にリーディング能力に大きく影響を与えると言われる「フォニックス(文字と音を認識する力)」に影響したのは，すべて文字を「書く力」(T1の大文字書き〈$β = .18$〉，T2の小文字書き〈$β = .13$〉，T3の大文字・小文字書き〈$β = .52$〉)だったのです。言い換えると，文字の形と名前を認識する力は大切ですが，産出する力まで養うことが，文字と音を一致させる力につながるのです。これはp.29の⑤文字の名前を聞いて，それに対応する文字を書く力を育成することが大切であることを表しています。

ここがポイント！

- ☑ アルファベット学習はリーディング能力の基礎を作るものであり，大変重要である。
- ☑ アルファベット学習とは，字形と名前を合致させて覚え，自動的に使える力を獲得することである。
- ☑ アルファベットの指導では，字形と名前を合致させ，それが認識・理解できる力を養ったあと，文字を見て名前を言ったり，または名前を聞いて書いたりする力を育てることが大切である。
- ☑ 文字認識の自動化を促すため，一文字だけではなく，複数文字を早く正確に認識し，産出するように指導する。
- ☑ 文字を早く，正確に書くことまでの力を養うことが，次の音と文字との関係を知る力を育てるうえで重要になる。

活動1 アルファベットの形に慣れよう

目安時間：3〜5分

目的	(1)アルファベットの文字の形を学ぶ。
教材	ワークシート
解説	アルファベットの文字の形を認識する活動を三つ紹介する。名前を言いながら文字を探したり、書いたりするよう指導する。

(1)同じ文字を早く探そう

活動の進め方

①右のようなワークシートを用意する。

②児童に「左に書いてある文字と同じものを右の5つの文字から選び、〇をするように」と指示を出す。

③答え合わせをする。児童が慣れてきたら、時間制限などを設けてもよい。

A	D	Q	C	A	Y
Z	J	Z	S	L	K
F	E	R	H	O	F
M	W	M	N	B	X

役に立つ英語表現

▶ Look at the letter on the left. （左にある文字を見てください）

---

(2)同じ文字の色塗りをしよう

活動の進め方

①学習する文字が含まれる右のようなシートを用意する。

②児童に「指定する文字を見つけ、色をつけるように」と指示を出す(例：L)。

③答え合わせをする。児童が慣れてきたら、時間制限などを設けてもよい。

B	L	L	D	N	R
C	L	A	J	E	I
H	L	G	F	K	O
M	L	L	L	S	H

> 役に立つ英語表現
> ▶ Find the letter L and color it green. （L の文字を見つけて緑で塗ってください）
> ▶ Let's check the answer. （答え合わせをしましょう）

(3) ワード・サーチをしよう

活動の進め方

① 学習する文字が含まれている下のようなワークシートを用意する。
② 児童に「横に書いてある文字のグループを見つけ，囲むように」と指示を出す(例：ANT, BEE など)。
③ 答え合わせをする。児童が慣れてきたら，時間制限などを設けてもよい。

| B | E | E | N | D | ANT
| H | C | A | T | O | BEE
| A | T | C | F | G | CAT
| F | I | S | H | C | DOG
| A | N | T | A | D | FISH

> 役に立つ英語表現
> ▶ Find A-N-T and circle it. （ANT を見つけて○で囲ってください）
> ▶ Please raise your hand when you find them all.
>   （すべて見つけたら手を挙げてください）

| 活動2 | アルファベット・ソングを歌おう |

目安時間：3〜5分

| 目的 | (1)アルファベットの文字の形と名前を学ぶ。 |
| 教材 | アルファベットチャート，"The Alphabet Song"の音源 |

活動の進め方

大き目のアルファベットチャートを用意して黒板などに貼り，"The Alphabet Song" などを利用して，文字を指しながら歌(もしくはチャンツ)を歌う。

■ 活動の留意点 ■

①視覚刺激と聴覚刺激を合わせるため，文字の名前を言いながら，アルファベットを指すことがとても重要である。

②文字の名前を覚えるのに歌は効果的である。大文字は3年，小文字は4年で導入されるが，中学年の児童は歌うことにはさほど抵抗感を示さないであろう。高学年でアルファベットの復習をするときは歌だけでなく，リズムをとりながら，メロディーなしで教えることもできる。

③アルファベットの歌はたくさんあるが，学習のポイントはあくまでも字形と名前を一致させることであり，最初はその要素だけに限ったシンプルなものを使い，のちに複雑なものへと変更してもよい。

役に立つ英語表現

▶ Look at the chart. （チャートを見てください）

▶ There are twenty-six letters. （26の文字があります）

▶ Let's sing "The Alphabet Song." （アルファベットの歌を歌いましょう）

活動3	アルファベット・ジェスチャーゲーム

目安時間：3〜5分

目的	(1)アルファベットの文字の形と名前を学ぶ。 (2)動作の言い方を学ぶ。
教材	アルファベットチャート，"The Alphabet Song"の音源，動作を表すジェスチャーカード
解説	アルファベットチャートの文字は以下のように色分けする。A, I, U, W…黒，B, K, T, X…赤，C, G, P…青，D, J, Z…黄色，E, L, Q…緑，F, O, Y…ピンク，H, M, S…茶，N, R, V…紫

活動の進め方

色ごとに行うジェスチャーを指定する。"The Alphabet Song"を歌いながら，その色になったら指定された動作をする。例えば，「赤色の文字（例：B）の名前が聞こえたら，手を叩いてください」などと指示する。

■ 活動の留意点 ■

①最初にアルファベットチャートを使って文字の復習をする。「赤の文字は何でしょう？」などと一種類の色ごとに文字の名前を言わせる。歌の流れだけで名前を認識していた児童が，少しずつ一つひとつの文字とそれに対応する名前を学習することになる。

②児童が活動に慣れてきたら，「赤の文字が聞こえたら手を叩き，青の文字が聞こえたら頭を触ってください」などと動作を増やすこともできる。ただし，あまり動作を増やすと動作に気をとられ，アルファベット学習がおろそかになるため三つぐらいが限度である。

役に立つ英語表現

▶ Every time you hear the name of a red letter, please stand up and sit down. （赤の文字の名前が聞こえたら，立って座ってください）

活動4	文字カードを見せよう

目安時間：3〜5分

目的	(1)アルファベットの文字の形と名前の関係を理解する。
教材	アルファベットの文字カード（児童用，先生用）

活動の進め方

① 児童に自分のアルファベットの文字カード（26文字）を机の上に並べさせる（A〜Zの順番でなくても良いが，その方が児童にわかりやすい）。
② 文字の名前を言い，それを見つけて先生に見せるように指示する。
③ 児童が自分のカードを見せたあとに，先生が正解のカードを見せる。

■ 活動の留意点 ■

① 先生は大きめのカードを用意し，児童が出し終えたあと（だいたい3秒後）にそのカードを見せて，児童に正解がわかるようにする。
② 活動では一回に7〜8文字を取り扱う。児童の反応から全体的な理解度を予想し，とくに認識が遅れている文字を把握する。
③ 初期段階では26文字ではなく，10文字程度に文字数（カード枚数）を制限することもできる。

役に立つ英語表現

▶ Find the letter which I (will) say. （私が言う文字を探してください）
▶ Show me the card. （そのカードを見せてください）
▶ Here is the answer. （これが答えです）

活動5	アルファベット・カルタ

目安時間：3〜5分

目的	(1)アルファベットの文字の形と名前の関係を理解する。 (2)競い合うことで，文字の形と名前の認識を深める。
教材	アルファベットの文字カード（児童用，先生用）

活動の進め方

①児童を4〜5名のグループに分ける。
②一組のアルファベットの文字カードを用意し，先生は文字の名前を言い，児童は「カルタ」方式でその文字を取り合う。
③ペアのカルタ取りでは，二人分のカルタを使うこともできる。
④先生は必ず正解の文字カードを見せて，答え合わせをする。

■ 活動の留意点 ■

①26文字すべてを使うかどうかは，児童の学習速度や習熟度で決める。例えば1回目はA〜I，2回目をJ〜R，3回目に残りすべてを行うなど分けてやることもできる。

役に立つ英語表現

▶ Please take the letter card which I say. （私が言うカードを取ってください）
▶ Don't forget there are two cards for each letter.
  （それぞれの文字に2枚のカードがあることを忘れないでください）
▶ Now, check the answer. This is the letter L.
  （さて，答え合わせをしましょう。これがLの文字です）

活動6	アルファベットの形を体で作ろう

目安時間:3~5分

目的	(1)アルファベットの文字の形と名前の関係を理解する。 (2)体を動かしながらグループで学習をすることで,学びを楽しく支え合う経験をする。
教材	アルファベットチャート(先生用)

活動の進め方

①児童を5~6名のグループに分ける。
②先生が言う文字の形をグループ全員で手をつないで作るよう指示する。
③できたら「Finished.」と言うように指示する。

■活動の留意点■

①児童が参照できるように大きめのアルファベットチャートを黒板に貼る。必要であればその文字を指す。
②高学年になると児童は性差にかなり敏感になるため,グループをどのように作るかを配慮する必要が出てくる。
③これは低学年にも行いたい活動だが,どこを中心に文字を作ればいいのか判断することが難しく,認知的にはおそらく難しい活動になる。その代わりに一人か二人でペアになり,アルファベットの形を体の一部で表してもよい(例:Oの場合は両手でOの形を作る)。

役に立つ英語表現

▶ Let's make a letter O together. （Oの文字を一緒に作りましょう）
▶ Join your hands and make a circle. （手をつないで丸を作りましょう）
▶ When you are done, please say "Finished."
（できたと思ったら,「Finished.」と言ってください）

活動7 アルファベット・ビンゴ

目安時間：3〜5分

目的	(1)アルファベットの文字の形と名前の関係を理解する。 (2)ゲームを通して，学習の進み具合を自分で確認する。
教材	アルファベットの文字カード(児童用)

活動の進め方

①各自が持つ文字カード A〜I(9枚)を3列×3行に自由に並べさせる。

②先生は文字を読み上げ，児童は読み上げられた文字のカードを裏返しにする。縦，横，斜めでつながれば BINGO となる。

③文字数が少ない場合は「縦 BINGO」のみ認めるなど工夫する。児童の理解にあわせてマス目(扱う文字)の数を増やす。

例：9枚(A〜Iの場合)

例：16枚(A〜Pの場合)

E	I	P	D
J	L	A	F
B	K	O	M
H	N	C	G

役に立つ英語表現

▶ You have nine letter cards. （9枚のカードを持っていますね）

▶ Please place the letter cards three by three.
　（文字カードを3列3行に置いてください）

2章 ●アルファベット学習(1)　字形と名前

活動8 アルファベット伝言ゲーム

目安時間：3〜5分

目的	(1)グループで協力して，文字の形を見て名前を正しく聞いたり，言ったりする。
教材	アルファベットの文字カード（児童用）

活動の進め方

①児童が動きやすいように教室に必要なスペースを作っておき，5〜6人のグループに分け，列を作らせて座らせる。教室の後方にグループと同じ数のアルファベットの文字カードを用意し，並べておく。

②列の最初に座っている児童だけに1文字見せる。文字を見た児童は合図とともに自分のグループに戻り，列の次の人に文字の名前を伝える。名前を伝えられた児童はさらに自分の後ろの児童に小さな声で伝える。これを繰り返し，最後の児童は後方に置いてある文字カードの中から適切なカードを選び，先生に持っていく。

③先生はそれを受け取り，次のカードを無言で見せる。これらの流れを何度か繰り返し，どのグループが一番か競争させる。

■ 活動の留意点 ■

児童の様子を見ながら伝える文字を二〜四つに増やしたり，カードを取ってくるかわりに，黒板に文字を書かせたりすることもできる。

役に立つ英語表現

▶ The first person in the line, come here please.
（列の最初の人はここに来てください）

▶ Tell the name of this letter to the second person in the line.
（この文字の名前を列の2番目の人に伝えてください）

| 活動 9 | アルファベット・ミッシングゲーム |

目安時間：3～5分

| 目的 | (1)アルファベットの文字を見て，名前を正確に言う。 |
| 教材 | アルファベットの文字カード(先生用) |

活動の進め方

①右のようなカードを用意し，20〜22枚ほどのカードを見せて，児童に名前を言うように指示する。

②残りのカードを隠し，先生の手元にどの文字が残っているのかを当てさせる。

■活動の留意点■

児童は想像以上に記憶力が良く，かなりの確率で正解する。当たらないようであれば，不必要に活動を長くしないという理由から「あと3回で終わりです」などと言って活動を切り上げる。学習が進み，児童が自信を持って文字とその名前を言うことができる頃に行う活動で，復習に適している。

役に立つ英語表現

▶ What is this letter? （これは何の文字ですか？）

▶ What letter do I have? （何の文字を持っていますか？）

活動10	早くカードを置こう(1)

目安時間：3〜5分

目的	(1)アルファベットの文字と名前の関係についての理解を深める。 (2)文字を見て名前を素早く言える。
教材	文字カードとアルファベットチャート(いずれも児童用)，ワークシート

活動の進め方

①アルファベットの文字カードを用意する。シャッフルし，1枚ずつ文字の名前を言いながら，アルファベットチャートの文字の上に重ねていく。

②終わったら，どのくらい時間がかかったかをワークシートに記録する。

アルファベットチャート

毎回時間を記録するワークシート

■ 活動の留意点 ■

①アルファベットの名前をしっかり発音せずにカードを置く児童がいるので注意が必要である。しかし，小文字は字形認識が難しいので，児童が字形に慣れるまでは小さな声でもよい。机間巡視の際，児童の口許をしっかり見て，言っていない場合は名前を英語の音で発音する重要性を伝える。

②アルファベットの学習では，複数文字を素早く，正確に理解していくことも大切である。この活動はその流暢さ，正確さを育てるのに役立つ。

活動11	早くカードを置こう(2)

目安時間：3〜5分

目的	(1)複数の文字を素早く認識し，文字の名前が言える。 (2)文字がつながって単語になることに気づく。
教材	文字カード(児童用，先生用)，アルファベットチャート(児童用)

活動の進め方

①活動 10 で使用した児童用の文字カードを使用し，同じように文字カードをアルファベットチャートの上に並べさせる。

②複数の文字(例：CAT)を言い，その順番に文字カードを机のあいているところに並べさせる。

③先生は用意した文字カードを黒板に張ったり，正解を黒板に書いたりして答え合わせをする。

■ 活動の留意点 ■

①文字認識の自動化を狙った活動なので，文字は早めのテンポで言う必要がある。児童がわかるように何度も繰り返すが，文字を言うテンポは遅めないようにする。最初は 2 文字，例えば UP などから始めるとやりやすい。

②答え合わせをするときに，次のような掛け合いをすることもできる。

　(先生)　What's this?
　(児童)　It's cat.
　(先生)　How do you spell it?
　(児童)　C-A-T.

③この活動はアルファベットの文字認識(形と名前)を，複数文字レベルで学習することを目的としており，単語のスペル練習ではない。文字カードを並べさせて作る単語は児童が音声としてよく知っているもの(cat, dog, desk, map など)を選び，それらの単語の絵を見せるなどの工夫を加えて行う。

活動12	文字の前後は何かな？

目安時間：3～5分

目的	(1)文字の形と名前の関係を理解する。 (2)ゲームを通して，文字を見て素早く，正確にその名前を言うことができる。
教材	アルファベットチャート（先生用）

活動の進め方

①アルファベットチャートを黒板に貼り，それぞれの文字の一つあとの文字は何かについて以下のようなモデルを示す。児童は何度か見せられる例を通して，after の意味を理解する。

質問例：What letter comes after B?　It's C.

②児童は質問の答えを言う。

■ 活動の留意点 ■

①中途半端に覚えていた文字を認識し直すのに良い方法である。単純に文字を言わせるだけではなく，after を入れることで高学年の児童には少しレベルが上がってチャレンジングになり，慣れると楽しくなる。

②児童が慣れたころに What number comes after ten? と質問を数字に変えることができる。数字に関しては eleven, twelve, thirteen, fifteen が難しいので，この問題を使ってそれらを復習してもよい。

③さらに after ではなく before に替えて質問することもできるが，対照的な言葉(after と before)を同時に学習させると児童が混乱する可能性があるので，導入するときは after が十分に理解されているかを確認する。

役に立つ英語表現

▶ Look at the chart. What is this letter? Yes, it's B.
（チャートを見てください。この文字は何ですか？　そうですね，B です）

3章

音韻認識能力を伸ばす学習

意識的な努力を伴う書き言葉の習得

1章ではアルファベット学習とともに，音韻認識能力(phonological awareness)がリタラシー指導にとってとても大切であると述べました。本章ではその能力について改めて考えてみましょう。

まず考えなければならないのは，世界中の数千にものぼる言語はすべて音声言語を持っていますが，そのすべてが書き言語を持っているわけではないということです。現在でも書き言語を持たない言語はたくさん存在します。言語はまずは音声によって表現され，人類はのちにそれを文字で表現する方法を作り出しました。

文字言語の獲得を人の成長というミクロなレベルで考えても，同様のことが言えます。私たちは生まれながらに言語を習得する特殊な装置を持っていると考えるアメリカの言語学者チョムスキーは，人間は5，6歳までに音声言語を自然に習得すると主張しています(Crain, 2000)。しかし，書き言語はそのように自然に獲得できるわけではなく，意識的な努力を伴い，時間をかけて獲得していかなくてはなりません。つまり，書き言語は音声言語を土台とし，それを表すために作り出され，その習得には意識的な努力が必要であるというわけです。

音と文字の対応

音を文字で表すときに問題になるのは，どのような単位で音を区切り，どのような形で文字に対応させるかということです。例えば「し・ん・か・ん・せ・ん」という音は六つで区切って仮名で書くことができます。一方で，「しん・かん・せん」と音節ごとに三つに区切ると，「新幹線」と三つの漢字で表すことになります。さらに音の最も小さな単位である音素に対応させると，「sinkansen」と9文字のローマ字(訓令式)で表すことになります。このように言語によって，話し言葉をどのような単位で分けて，文字を対応させるのかは異なっています(窪薗&本間, 2002)。したがって書き言語の習得には，話されている言葉の音の構造に気づく力，すなわち音韻認識能力を育てることが大切になってくるのです。そのような音韻認識能力について考え，

また日本人児童の英語のリタラシー獲得にそれがどのような影響を及ぼすのかを見ていきましょう。

音韻認識能力とは何か？

英語圏の研究者たちは，音韻認識能力について「the ability to recognize that a spoken word consists of a sequence of individual sounds（話し言葉は一つひとつの音がつながることによって成り立っていると理解できる能力）」(Ball & Blachman, 1991, p. 51)とか，「the ability to reflect explicitly on the sound structure of spoken words（話し言葉の音の構造について明示的に考える能力）」(Hatcher, Hulme, & Ellis, 1994, p. 41)などと定義しています。

まずは日本語を例にとって，音韻認識について考えてみます。日本語の基本的な音の単位はモーラ[1]と呼ばれています。音節とほとんど同じですが，特殊モーラと呼ばれる音がある場合は音節とは異なる単位になります。例えば表3－1のように，「お<u>お</u>さか」の2番目の「お」，「と<u>う</u>きょ<u>う</u>」のような二重母音の「う」，「きって」の真ん中の「っ」(促音)，そして「ほ<u>ん</u>」の「ん」(撥音)は，単独では音節を構成しませんが，それぞれ一つの音の単位，モーラを作っています。ですから，例えば，Hirosima(広島)は4音節で4モーラですが，Osaka(大阪)は3音節で4モーラ，Tokyo(東京)は2音節で4モーラ，kitte(切手)は2音節で3モーラ，hon(本)は1音節で2モーラといったような違いがでてきます。

特殊モーラ	単語	音節数	モーラ数
特殊モーラなし	Hirosima(広島)	4	4
長母音の伸ばされる音	Osaka(大阪)	3	4
二重母音の2番目の音	Tokyo(東京)	2	4
促音	kitte(切手)	2	3
撥音	hon(本)	1	2

表3－1　音節とモーラ

---

[1] 音韻論上の単位。一子音音素と一短母音音素とを合わせたものと等しい長さの音素結合。拍。(広辞苑，2008)。

日本語のモーラ

　音韻認識能力とは「話し言葉の音の構造を理解する能力」を指すので，日本語の場合はモーラが言葉の中でどのように働いているかを理解する力を指します。例えば，「かえる，かかし，かん」は同じ音で始まっていて，「ろば，そば」は同じ音で終わっているとか，あるいは，こいのぼりの2番目の音は「い」であるとわかる力が，日本語の音韻認識能力になります。「まど」という言葉は二つの音(モーラ)でできているが，「つくえ」や「きって」は三つの音(モーラ)からできているとわかる力もそれにあたります。

　子どもが好んで遊ぶ「しりとり」は，例えば「こま」「まり」と続けるためには「こま」という言葉をモーラ単位で「こ」と「ま」に分け，最後のモーラ「ま」から始まる「まり」といった言葉を探します。つまり「しりとり」はまさに音韻認識能力があるからできるのです。このように書き文字を本格的に獲得する前に，モーラを認識する能力が十分に発達していることが，日本語のリーディング能力を高めるうえでは大切です。

　日本語を例にとって音韻認識能力を説明してきましたが，では果たして英語において「話されている言葉の音の構造が理解できる能力」とは，具体的にはいったいどのような力を指すのでしょうか。

音韻認識能力を支える三つの要素

　この問いに対し，香港在住の早期リタラシーの研究家マックブライド・チャン(McBride-Chang, 1995)は，音韻認識能力は，①知能(general cognitive ability)，②言語に関する短期記憶(verbal short-term memory)，③言語音を理解する音声知覚(speech perception)という三つの下部能力によって成り立っているという仮説をたてました。そして，英語ネイティブの小学校3年生と4年生の136名を対象にデータを収集した結果，「仮説は証明された」と報告しています。

　この説が正しいのならば，音韻認識能力がうまく育たない場合，その原因はこれらの三つの要素，つまり知能，短期記憶，そして音声知覚に何か問題があるということになるでしょう(図3－1)。

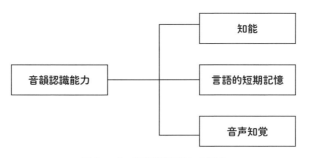

図3−1　音韻認識能力の構成

音声知覚との違い

　ここで，この三つの能力のうちの音声知覚についてさらに説明を加えたいと思います。なぜなら，この音声知覚と音韻認識能力がよく混同されるからです。まず音声知覚とは言語音を把握し，またそれらの違いを知覚する自然の能力のことです。例えば，「す・す・せ・す」と聞いて3番目の音(せ)が違うという，音の違いが理解できる力を指します。これは単なる「聞きとり能力」であって，今まで述べてきた音韻認識能力(話されている言葉の音の構造を理解できる力)のようなメタ言語力とは異なります。

　もちろん，音声知覚ができない子どもにとって音韻認識能力を身につけることが難しいことは予想できます。しかし一方で，音声知覚が普通にできても音韻認識能力が低い子どもはたくさんいます。また，高い音韻認識能力を持っている子どもが，のちに良い読み手になることは多くの研究から報告されていますが，高い音声知覚を持っている児童が，それだけでは良い読み手にはなれないことも報告されています。

　これらのことからも，音韻認識能力は音声知覚とは異なる力であり，リーディング能力の発達には音声知覚だけではなく，知能や言語的短期記憶を含めた音韻認識能力が強く関係していることがわかります(Snow, Burns & Griffin, 1998)。

　したがって，リーディング能力の発達から考えると，rock-lock というミニマルペア[1]で /r/ と /l/ の音の聞き分けができるという力だけが必要なわけ

ではないのです。rain, red, run, dog という単語の中から dog だけ最初の音が異なるとわかる力，red が /r/ /e/ /d/ と三つの音素から成り立っていると理解できる音韻認識能力が必要になってくるわけです。

音素認識能力

　先述したように，日本語の仮名文字はモーラという音の単位に文字が対応していますが，英語は基本的に一つの音素[2]に対して一つの文字が対応している言語です(窪薗＆本間，2002)。そのため，英語においてリタラシー教育を行う場合，音韻認識能力だけではなく，音素という音の最小単位を理解する力も必要になります。つまりリタラシーを育てるには音素認識能力(phonemic awareness)も必要になってくるのです。

　この音素認識能力は，前述した音韻認識能力と区別して考えられています。そのため音素認識能力については，「the ability to manipulate phoneme-size units in speech, especially the skill of segmenting and blending phonemes(話し言葉を音素レベルで操作できる，特に音素での分節や混合ができる力)」(Ehri, 2006, p. 650)と定義されています。また，前述したスノウらは音韻認識能力と音素認識能力の違いについて，下記のように説明しています。

The term phonological awareness refers to a general appreciation of the sounds of speech as distinct from their meaning. When that insight includes an understanding that words can be divided into a sequence of phonemes, this finer-grained sensitivity is termed phonemic awareness. (p. 51) ... Phonological awareness is a more inclusive term than phonemic awareness ... (p. 52)
(音韻認識能力は，言葉の持つ「意味」ではなく，言葉の「音」を全体的に理解する力を指します。その認識が「言葉は連続している個別の音素に分け

1　最小対立。「lock/rock や seat-sit」のように一対の対立する音を含む二つの単語。二つの単語は意味が異なる。
2　ある一つの言語で用いる音の単位で，意味の相違をもたらす最小の単位。類似した特徴を持つ，意味を区別しない音声の集合体。

ることができる」という理解を含んだとき，このきめ細やかな感受性のことを音素認識能力と呼びます。…音韻認識能力は音素認識能力よりも包括的な用語です。…（Snow, Burns, & Griffin, 1998, pp. 51-52）

　まとめると，音韻認識能力が「話されている言葉の音の構造が理解できる力」である一方，音素認識能力は「話されている言葉の中にある最も小さな単位である音素に気づき，単語の音構造が理解できる力」となるでしょう。
　ただ，音節に気づく力に比べると，音素に気づく力を育てることは難しいようです。英語の音に囲まれて成長する英語圏の子どもたちでさえ，音素認識能力を育てるためには意識的な学習をする必要があると言われています。そして彼らは音節内部構造を理解する過程において，まず，オンセット・ライム（onset-rime）という音韻構造を理解し，その土台を基に個々の音素を認識する力を身につけていくと考えられています（Cisero & Royer, 1995, Goswami & East, 2000）。次に，そのオンセット・ライムと呼ばれる音韻構造について説明していきましょう。

音節の内部構造とオンセット・ライム

　オンセット・ライム（子音－母音＋子音：C-VC[3]）とは，音節の内部構造を表す言語学的な専門用語です。オンセット（onset）は，単語の最初の子音（群）のことで頭子音とも呼ばれます。具体的に言えば，bed では最初の /b/，plant では /pl/ がそれに当たります。つまり，1音節の単語の母音の前の子音を指す用語であると考えてください。
　オンセットに対してライム（rime）は，母音とそれに続く子音（群）を指し，bed においては /ed/，plant では /ænt/ に当たります。ライムは sea の /i:/，boy の /ɔɪ/ のように母音だけの場合もあります。
　bed-red-sled や plant-slant-grant のように，ライムが同じ単語を繰り返す

3　子音は consonant，母音は vowel なので，例えば dog(/dɒg/)は子音・母音・子音の順序なので，その頭文字をとって CVC と表すことができる。そのため onset-rime を C-VC と表記することもできる。

ことは「韻を踏む」と呼ばれ，ライム(脚韻，rhyme)と言われます。一方で，言語学的な用語であるライム(rime)は，脚韻とスペルが異なっていることからわかるように，意味が異なるので注意してください。

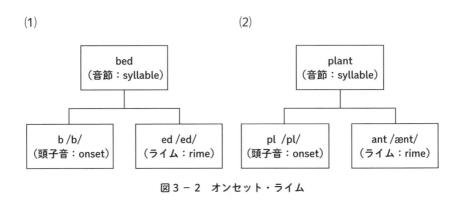

図3-2 オンセット・ライム

　英語を母語とする子どもたちは，4歳になるまでには1音節の言葉をオンセット・ライム構造に分けることができると言われています(MacKay, 1972)。脚韻がふんだんに使われている英語の童謡や詩などに多くふれることによって，あるいはそれらを使った遊びを通して，自然にオンセット・ライムに分節できる力を培っていくからだと考えられています。

マザーグースの効用

　子どもたちの音遊びの中でも，彼らの音韻認識能力の発達に最も貢献しているのは伝承童謡であるマザーグースでしょう。それらには，脚韻(rhyme)や頭韻(alliteration)が豊富に含まれています。イギリスの研究では，童謡の知識が子どもたちの音韻認識能力と高い相関関係を示し，さらに音韻認識能力の発達を予測すると報告されています(Maclean, Bryant & Bradley. 1987 と Bryant, Bradley, Maclean, & Crossland, 1989)。このことからも，子どもたちはオンセット・ライム構造を理解したあとに，図3-3のように単語をすべての音素に分ける音素分析能力を発達させると考えられています。

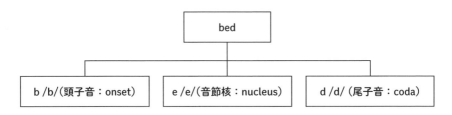

図3-3 音素分節

　ちなみに，音素能力を測るテストとしては次のようなものがよく使用されます（Ehri, 2006）。この章の最後に紹介する活動も，これらのテストを参考に作成しています。

① 音素取り出し（phoneme isolation）
　　dog の最初の音は何？（/d/）
② 音素照合（phoneme identity）
　　mouse と milk と mitten に共通する音は何？（/m/）
③ 音素分類（phoneme categorization）
　　wolf, window, bed の中で仲間はずれはどれ？（bed）
④ 音素結合（phoneme blending）
　　次の音 /h/ /e/ /n/ を合わせるとどんな言葉？（hen）
⑤ 音素分節（phoneme segmentation）
　　rain という言葉にはいくつの音素がある？（3）
⑥ 音素削除（phoneme deletion）
　　swing という言葉から /s/ を取るとどんな言葉？（wing）

リーディング能力の発達を予測する音韻認識能力

　音韻認識能力に話を戻すと，それとリーディング能力との関係についての研究は過去数十年にわたり，英語だけではなく他の言語においても行われてきました。その結果として，音韻認識能力は子どもたちの単語認識力，また

はリーディング能力の発達に影響を与えると言われています(まとめとしてWagner & Torgesen, 1987, Sawyer & Fox, 1991, Adams, 1990 など)。教育心理学で行われてきたさまざまな研究の中でも,この音韻認識能力とリーディング能力に関する研究こそ,心理学が教育に貢献した最も大きなものの一つであると評価されているほどです(Stanovich, 1991)。

　前述したリーディングに関する全米調査委員会の研究からも,初期のリタラシー教育に最も大切なものはアルファベットの知識と音韻認識能力であると報告されています(Ehri, Nune, Willows, Schuster, Yaghoub-Zadeh, & Shanahan, 2001)。さらにその報告書では,音素認識能力はリーディング能力の向上にもつながり,指導によって伸ばすことが可能なものであると説明されています。

　このように英語圏では多くの研究結果から,音韻・音素認識能力を持っている学習者は,のちに高いリーディング能力を持つようになるという考え方,つまり音韻・音素認識能力がリーディング能力の優れた予測変数であることが自明の理として受け入れられていることを改めて強調したいと思います。またその報告書は,音韻・音素認識能力を向上させる活動をする際,文字を見せるとより効果が上がるとも指摘しています(National Reading Panel, 2000)。音韻認識能力を伸ばす活動は,文字とともに行うと,リーディング能力も高めるのです(Stackhouse & Well, 2001)。これは教室活動を展開する上で重要な指摘であると言えるでしょう。

日本人の児童のための音韻認識能力

　さて,これまで主に英語圏の子どもを対象とした研究について述べてきましたが,日本人児童にとって必要な英語の音韻認識能力,もしくは音素認識能力とはどのようなものなのでしょうか。

　もちろん彼らは,小学校に上がる前からある程度の日本語の音韻認識能力は持っており,それを活用して仮名文字を学習しています。前述のように,日本語はモーラという音節に近い音の単位が基本で,それに仮名文字が対応しています。つまり1モーラ＝1文字のため,日本語で文字言語を獲得す

る際，モーラの内部構造を意識する必要はあまりありません。言い換えれば，日本語では音素レベルで言葉の中の音の働きを理解する必要はあまりありません。

なお，音韻認識能力の定義を「the ability to reflect on units of spoken language smaller than the syllable（音節よりも小さな話し言葉の単位を認識する力）」と考える学者もいます（Stahl, 2002）。そう考えると，私たち日本人が英語の学習を行う際には，音節内部の音素という構成単位を意識的に認識していく必要がでてくることになります。言い換えれば，日常生活において音素を意識する必要がない以上，メタ言語能力である音韻・音素認識能力は，意識しない限り獲得できないことになります。

そのため，英語学習においてリタラシーを獲得するためには，学習者は英語を音素レベルで把握し，理解していく力が必要となります。意識的な訓練を行い，英語の音韻・音素認識能力を育成することが極めて大切になってくるのです。

音節内部構造をめぐるもう一つの問題

また，日本人学習者が音節内部構造を理解するうえで，もう一つの問題があります。それは日本語が，音節が母音で終わる開音節（open syllable）が中心の言語であるのに対し，英語は音節が子音で終わる閉音節（closed syllable）が多い言語であることです。日本語は開音節の全体に占める割合は90％であるのに対し，英語では40％程度だと言われています（窪薗＆太田, 2001）。

開音節が圧倒的に多い日本語の音節を聞いて育った私たちは，英語の単語を聞くと無意識に最初の子音と母音を合わせたかたまりとして音を聞き，子音が続くとそのあとに母音を挿入して音を理解してしまいます（母音挿入：vowel epenthesis）。例えば pet（/p//e//t/）という3音素の単語を聞くと，最初の子音と母音を合わせて /pe/，そして /t/ に発音されていない母音（o）をつけて「ペット」と聞いてしまうのです。

オンセット・ライム（C-VC）に対して，このように最初の子音（オンセット）

と母音をひとつの音のかたまりにし，最後の子音を独立させる分け方をボディ・コーダ(body-coda〈CV-C〉)と呼びます。日本人学習者は前述しているように，ほとんどのモーラの構造が子音＋母音なので，英語を聞くときも無意識のうちにオンセット・ライム分節ではなく，このボディ・コーダ分節をしていると思われます。

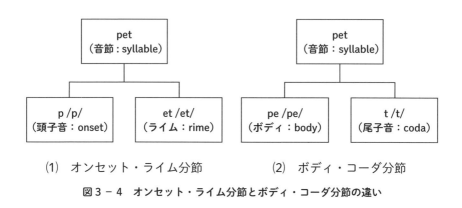

図3-4　オンセット・ライム分節とボディ・コーダ分節の違い

意識的に育成する必要があるオンセット・ライム認識

　先ほど日本人学習者が英語を聞く際，pet の最後の子音 /t/ にはないはずの母音(o)をつけて聞いてしまうという，母音挿入という現象について説明しました。加えて日本人は，desk という子音連結がある単語も，/de//su//ku/(CVCVCV)のように sk という子音連結の部分にそれぞれ母音を挿入し，「デスク」のように発音してしまうと言われています。

　日本の理研脳科学総合センターがフランスの国立科学教育センターと共同研究をした結果，このように子音が連続した音に母音を挿入してしまう，いわゆる「日本語耳」は生後14か月にはでき，その頃にはすでに子音の連続音を聞き取れないことがわかりました(Mazuka 他, 2011)。

　英語の母語話者は発達の第一歩として，音節をまずオンセット・ライム構造に聞き分けられるようになると先ほど述べました。つまり lake は /leɪ/-/ku/ ではなく /l/-/eɪk/，desk は /de//su//ku/ ではなく /d/-/esk/ に分節していくわ

けです。そのように考えると，日本語耳を持つ学習者は音素認識能力を高めるためにも，まずは母語話者と同じようにオンセット・ライム構造にしっかり慣れることが一つの目標になるでしょう。具体的に言うと，dog(/d//ɔ/-/g/)，cat (/kæ/-/t/)，bed (/be/-/d)とボディ・コーダ分節をしているところを(/d/-/ɔg/)，(/k/-/æt/)，bed(/b/-/ed)と意識的にオンセット・ライム分節できるように指導していくことが必要であると考えられます。

日本人児童にも必要な音韻認識能力

さて，これまで(1)オンセット・ライムと(2)ボディ・コーダという二つの音節内部構造について検討してきました。では改めて，日本人児童が英語のリーディング能力を伸ばしていく上でより強い影響力を与えるのは，英語的な分節単位に基づくオンセット・ライム分節能力なのか，それとも日本語のモーラ分節に似ているボディ・コーダ分節能力なのか，考えていきたいと思います。私が行った次の研究は，その質問の答えになるかもしれません。

この研究は，東京近郊の三つの私立小学校で1年生から英語を学習していた小学校3年生から6年生まで370名の児童を対象に，彼らの音韻認識能力，単語認識能力，および読みの能力を測定し，それぞれの要因がどのようにリーディング能力に関連しているのかを調べたものでした(Allen-Tamai, 2000)。

この研究では，オンセット・ライム認識とボディ・コーダ認識を測る二つの音韻認識能力テストを用意しました。テストはどちらとも四つの単語を聞いて，一つだけ音が異なるものを聞き分けるものでした。

ボディ・コーダ分節(CV-C)のテストは，例えばcatch, cash, cat, kingのようにすべて1音節の単語で同じ子音で始まり，最後の子音は異なるものでした。参加者は単語の始めのほうだけを聞き，CV部分が異なる単語を選びます。ここでは一つだけ母音の異なるkingを選びます。もう一方は，参加者は単語の終わりの音のつながりに注意して四つの単語を聞きます。例えばcat, mat, hat, rainという単語を聞いて，ライム(rime)が異なるrainを探すというものでした。

分析した結果を図3-5に示しました。統計的に見て有意にリーディング能力を予測していたのは，「年齢」（β = .16），「単語認識能力」（β = .46），「オンセット・ライム」（β = .11）でした。数字は標準化回帰係数を表し，数値が高いほど予測力が高いことを意味します。

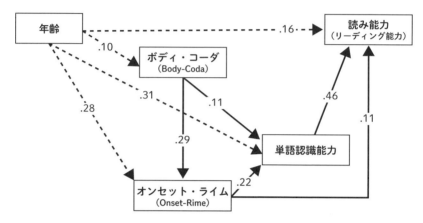

図3-5　読みの能力を予測するパス分析

　前述したように，開音節(子音＋母音)に慣れている日本人児童にとっては，最初の子音＋母音(body)での聞き分けは簡単だったようですが，この力は単語を認識する力を予測するものであっても，読みの力を予測するものにはなりませんでした。一方，オンセット・ライム認識能力は単語認識能力，そして読みの能力を予測していました。
　この結果は，日本人児童においてもボディ・コーダ認識能力より，英語話者と同様にオンセット・ライム認識能力を持つことのほうが，のちのリーディング能力や単語認識の力(意味からスペルがわかる力)の発達に影響するということを表しています。

音韻認識能力をどのように育てるのか？

　2章で説明したアルファベット学習や4章で説明するフォニックスとは異

なり，音韻認識能力はその概念を理解するのが少し難しいため，どのように指導すればいいのか悩まれる先生も多いかもしれません。簡単に言えば，単語の中の英語の音素を意識的に理解し，慣れる力を伸ばす指導であると考えてください。前述したように，日本人児童を対象とした英語教育でも音節の内部構造を意識させ，オンセット・ライム構造に気づく力を育てていくことは大変重要です。

この章ではこれから，音韻認識能力の発達に合わせて次の順番で活動を紹介しています。

① オンセット・ライム(rime/rhyming)に気づく力を高める （歌）
② オンセット・ライム(rime/rhyming)に気づく力を高める （チャンツ）
③ オンセット認識を高めるゲーム （消しゴムゲーム）
④ オンセット認識を高めるワークシート
⑤ ライム認識を高めるゲーム （ハイ・テンゲーム）
⑥ ライム認識を高めるワークシート
⑦ オンセット・ライム認識を高めるゲーム （「つかまえた！」ゲーム）
⑧ オンセット認識と語彙知識を高めるゲーム （サウンド・テニス）

最初のライム(脚韻)構造に気づく力を高める活動は，歌やチャンツを使った活動になります(①，②)。授業の最初に歌やチャンツを使う先生は多いと思いますが，前述したように，子どもを対象にした伝統的な歌やチャンツにはライムが多く含まれています。それらを積極的に活用することで，子どもたちを自然にオンセット・ライムに慣れさせていくことができます(Allen-Tamai, 2000)。

オンセットに気づく力は，③の消しゴムゲームのペア活動や④のワークシートを使った活動で育てます。単語の最初の音に注意し，同じ音かどうかを意識して聞き分けながら，音素単位で英語音を聞き，理解する力を育てましょう。

オンセット・ライムのライムにあたる音の構造を理解していく活動は⑤，

⑥になります。単語の中にある同じライムの言葉を聞き分けていくことでオンセット・ライム分節能力を伸ばすとともに，母音を聞き分ける力も伸ばしていきます。⑤はペア活動で，⑥はワークシートを使う活動になります。

　最後の⑦と⑧は，オンセット，またはライムのどちらでも活用できるゲームになります。⑦はグループ活動で，⑧はクラスを二分割しての活動になります。⑧の活動は文科省から出された教科書『We Can! 2』(2018年，2019年使用)でも紹介されている活動です。

ここがポイント！

- ☑ 書き言葉は音声言語を文字に表したものである。どのような音の単位を文字に対応させるのか，つまり音と文字との対応関係は言語によって異なる。
- ☑ 日本語の基本的な音の単位は音節に近いモーラ(拍)と呼ばれるものである。日本語の仮名文字は基本的に一つのモーラに一つの文字が対応している。
- ☑ 英語圏の研究から，子どもたちのリーディング能力の発達には音韻・音素認識能力が大きく関係していると報告されている。
- ☑ 1音節の内部構造はオンセット・ライム(C-VC)構造とボディ・コーダ(CV-C)構造の二種類を考えることができる。
- ☑ 英語の1音節単語を聞くとき，英語圏の子どもはオンセット・ライム構造で聞き，日本人の子どもはボディ・コーダ構造で聞くのではないか。
- ☑ 日本人児童の英語のリーディング能力の発達にもオンセット・ライム認識力が影響していた。

活動 1　マザーグースに親しもう

目安時間：3分

目的	(1)ライム（脚韻）に親しむ。 (2)歌を歌うことを楽しむ。 (3)歌の中の単語に親しむ。
教材	歌の音声，歌に関連した絵
解説	英語圏の子どもの音韻認識能力は，マザーグースやチャンツなどの伝統的な歌遊びから培われる。Maclean, Bryant & Bradley(1987)は，マザーグースの中でもイギリスの子どもたちに人気のある五つの歌を子どもに歌ってもらい，彼らの音韻認識能力との関連性を調べたところ，マザーグースをたくさん知っている児童の音韻認識能力が高かったことを報告している。ここではその五つを紹介する。

活動の進め方
①歌の内容が理解しやすいように絵を用意する(p. 64 参照)。
②歌詞を言いながら，内容について絵を使って説明する。必要なら日本語を交えてもよい。
③児童の反応を見ながら適当な長さで，メロディーなしで繰り返し練習を行う。
④最後にメロディーを付けて歌い，適宜，繰り返し練習を行う。

■ 活動の留意点 ■
①歌によっては最初からメロディーをつけて歌わせてもよい。
②導入には少し時間がかかるが，2回目以降は短い時間のルーティン活動となる。
③児童の状態に合わせて，単語，句，文と繰り返す英語の量を調節する。
④動作をつけて導入すると児童は言葉を覚えやすく，また忘れにくい。
⑤ Allen-Tamai (2000)は，幼稚園年長児を対象にマザーグースを教えることでライムの認識が高まるかどうか実験研究を行った結果，幼児は実験に使用されたマザーグースの歌に含まれていたライムや，他のライムに対しての認識を高めていたと報告している。

役に立つ英語表現

- Let's sing a song. （歌を歌いましょう）
- Don't be shy. （恥ずかしがらないで）
- You're getting better. （よくなってきました）
- You're doing very well. （よくやっていますね）
- Can you hear me all right? （私の声がよく聞こえますか）

【歌詞】

① **Jack and Jill**　　　　　　　ジャックとジル

　Jack and Jill　　　　　　　　ジャックとジルが
　Went up the hill,　　　　　　丘を登っていった
　To fetch a pail of water.　　　一杯のバケツの水を汲むために
　Jack fell down,　　　　　　　ジャックは転んで
　And broke his crown,　　　　頭を打って
　And Jill came tumbling after.　ジルもあとから転がり落ちてきた

② **Humpty Dumpty**　　　　　ハンプティ・ダンプティ

　Humpty Dumpty sat on the wall.　　ハンプティ・ダンプティが壁に座っていた
　Humpty Dumpty had a great fall.　　ハンプティ・ダンプティは勢いよく落ちちゃった
　All the king's horses and all the king's men　王様のすべての馬と家来たちは
　Couldn't put Humpty together again.　ハンプティ・ダンプティを元に戻せなかった

③ **Baa, Baa, Black Sheep**　　　　　バー，バー，黒い羊さん
　　Baa, Baa, black sheep,　　　　　　バー，バー，黒い羊さん
　　Have you any wool?　　　　　　　毛を持ってますか？
　　Yes, sir, yes, sir.　　　　　　　　はい，ご主人様，はい，ご主人様
　　Three bags full.　　　　　　　　　三つの袋一杯に
　　One for my master,　　　　　　　一つはご主人様に
　　One for my dame,　　　　　　　　一つは奥様に
　　And one for the little boy who　　そして一つは路地に住む小さな男の
　　lives down the lane.　　　　　　　子のために

④ **Hickory, Dickory, Dock**　　　　　ヒコリ，ディコリ，ドック
　　Hickory, dickory, dock.　　　　　　ヒコリ，ディコリ，ドック
　　The mouse ran up the clock.　　　ねずみが時計を走り上がり
　　The clock struck one.　　　　　　　時計が1時を打ったとき
　　The mouse ran down.　　　　　　　ねずみは降りてきた
　　Hickory, dickory, dock.　　　　　　ヒコリ，ディコリ，ドック

⑤ **Twinkle, Twinkle, Little Star**　　キラキラ星
　　Twinkle, twinkle, little star,　　　キラキラ光る，小さな星よ
　　How I wonder what you are!　　　あなたは一体何なの！
　　Up above the world so high,　　　お空高く
　　Like a diamond in the sky.　　　　ダイヤモンドのように
　　Twinkle, twinkle, little star,　　　キラキラ光る，小さな星よ
　　How I wonder what you are!　　　あなたは一体何なの！

① Jack and Jill

② Humpty Dumpty

③ Baa, Baa, Black Sheep

④ Hickory, Dickory, Dock

⑤ Twinkle, Twinkle, Little Star

| 活動2 | チャンツに親しもう | 目安時間：3分 |

目的	(1)ライム（脚韻）に親しむ。 (2)チャンツを通して英語のリズムに親しむ。 (3)チャンツの中の単語に親しむ。
教材	歌に合わせた絵，あればモデルとなる音声
解説	マザーグースだけでなく，伝統的なチャンツにもたくさんのライムが含まれている。

活動の進め方

①チャンツの内容が理解しやすいように絵を用意する（p. 68 参照）。
②チャンツを言いながら，内容について絵で説明する。必要なら日本語を交えて説明してもよい。
③チャンツを最初からもう一度通して言う。
④児童の反応を見ながら適当な長さで繰り返し練習を行う。

■ 活動の留意点 ■

①導入には少し時間がかかるが，2回目以降は短い時間の活動となる。
②児童の状態に合わせて，単語，句，文と繰り返す英語の量を調節する。
③歌と比べてメロディーがない分，チャンツはイントネーション，リズムなどをしっかり教えることができる。
④児童は動作をつけることで記憶しやすくなる。また，体の動きでリズムやアクセントが取りやすくなる。
⑤ Allen-Tamai(2000) は，幼稚園年長児を対象にチャンツを教えることでライムの認識が高まるかどうか実験研究を行った結果，幼児は実験に使用されたチャンツに含まれていたライムや，他のライムに対して認識を高めていたと報告している。

① **Five Little Monkeys**　　　　　5匹のおサルさん

　Five little monkeys jumping on the bed,　　5匹の小さなサルたちがベッドの上で跳んでいた
　One fell off and bumped his head.　　1匹が落ちて頭を打ったので
　Mama called the doctor and the doctor said,　　お母さんザルがお医者さんに電話したら，お医者さんは言った
　"No more monkeys jumping on the bed."　　「もう誰も跳んじゃいけないよ」

＊この後 Four little monkeys ..., Three little monkeys ..., Two little monkeys,... One little monkey.... と続く。

② **Teddy Bear**　　　　　テディーベアー

　Teddy bear, Teddy bear,　　テディーベアー，テディーベアー
　Turn around.　　まわってごらん
　Teddy bear, Teddy bear,　　テディーベアー，テディーベアー
　Touch the ground.　　地面に手をついて
　Teddy bear, Teddy bear,　　テディーベアー，テディーベアー
　Show your shoe.　　靴を見せて
　Teddy bear, Teddy bear,　　テディーベアー，テディーベアー
　That will do!　　ほらできた！

③ **Two Little Blackbirds**　　　　　二羽のクロウタドリ

　Two little blackbirds sitting on a hill.　　二羽のクロウタドリが丘に座っていた
　One named Jack,　　一羽はジャックで，
　And the other named Jill.　　もう一羽はジル
　Fly away Jack, fly away Jill.　　ジャックが飛んで，ジルも飛んだ
　Come back Jack, come back Jill.　　ジャックが戻り，ジルも戻った
　Two little blackbirds sitting on the hill.　　二羽のクロウタドリが丘に座っ

One named Jack, 　　　　　　　　ていた
　　And the other named Jill. 　　　　一羽はジャックで,
　　　　　　　　　　　　　　　　　もう一羽はジル

④ **Pat-a-Cake** 　　　　　　　　　　パタケーキ
　　Pat-a-cake, pat-a-cake, 　　　　　パタ, パタ
　　baker's man. 　　　　　　　　　ケーキ屋さん
　　Bake me a cake 　　　　　　　　ケーキを焼いてください
　　As fast as you can. 　　　　　　　なるべく速く
　　Roll it and pat it, 　　　　　　　のばして, たたいて
　　And mark it with "B". 　　　　　Bのマークをつけて
　　Put it in the oven 　　　　　　　オーブンの中に入れて
　　For baby and me. 　　　　　　　赤ちゃんと私のために

⑤ **Five Little Fishes** 　　　　　　　五匹の魚
　　Five little fishes swimming in a pool. 　五匹の魚がため池で泳いでいた
　　First one said, "The pool is cool." 　　一匹目は「ため池は冷たい」と言った
　　Second one said, "The pool is deep." 　二匹目は「ため池は深い」と言った
　　Third one said, "I want to sleep." 　　三匹目は「眠りたいな」と言った
　　Fourth one said, "Let's dive and dip." 　四匹目は「飛び込もうよ」と言った
　　Fifth one said, "I spy a ship." 　　　五匹目は「船の偵察してくる」と言った

　　Fisherman's boat comes, 　　　　　漁師の船がやって来て
　　Line goes ker-splash, 　　　　　　大きくバッチャンと釣り糸がたれてきた

　　Away the five little fishes dash. 　　五匹の魚はまっしぐらに逃げていった

3章 ●音韻認識能力を伸ばす学習

① Five Little Monkeys

② Teddy Bear

③ Two Little Blackbirds

④ Pat-a-Cake

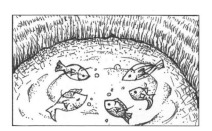
⑤ Five Little Fishes

活動3	消しゴムゲーム

目安時間：3分

目的	(1)単語の最初の子音(オンセット，onset)に気づく。 (2)オンセット・ライム構造に気づく。 (3)音素の単位に慣れる。 (4)頭韻(alliteration)を楽しむ。 (5)ゲームを通して授業の楽しさを味わう。
教材	消しゴム，単語リスト(次ページ参照)

活動の進め方

①児童をペアで座らせ，真ん中に消しゴムを一つ置く。

②目標の音を言う(例：/b/)。この活動では子音のみを扱う。

③最初の音が目標の音と違う単語が聞こえたら，消しゴムを取らせる。
（例：book, bear, boy, socks）

■ 活動の留意点 ■

①正解を何番目に言うのかは，子どもたちの反応を見て早めに出したり，遅めに出したりと，緩急をつけてゲーム感覚を盛り上げるようにする。

②異なる言葉は，例のように /b/ で始まる単語と socks の違いはわかりやすいが，vet や vase のように /v/ で始まる単語にすると難しくなる。このように異なるものを何にするのかも児童の反応を見ながら行う。

③この消しゴムゲームだけを行うときは3〜4回，次のハイ・テンゲームも同時に行うときは2〜3回程度にして，あまり時間をかけない。

④ゲームで使う単語については，次ページの単語リストを参考にする。

役に立つ英語表現

▶ Place an eraser between you and your partner.
（あなたと相手の真ん中に消しゴムを置きましょう）

3章●音韻認識能力を伸ばす学習

消しゴムゲームのための単語リスト（短子音）

文字	発音記号	単語の例
B b	/b/	butterfly bat, bus, ball, book, balloon, <u>fish, dog, sea</u>
C c	/k/	cake, cat, cow, carrot, castle, cup, <u>gate, desk, pen</u>
D d	/d/	duck, doll, dinosaur, doughnut, dress, dish, <u>panda, shirt, jam</u>
F f	/f/	fork, fig, fox, frog, four, firefighter, <u>car, bag, lion</u>
G g	/g/	gate, goldfish, gun, goat, gorilla, girl, <u>penguin, wolf, bat</u>
H h	/h/	head, hen, hand, horse, hat, house, <u>potato, telephone, monkey</u>
J j	/dʒ/	January, jacket, jump, jungle, jet, July, <u>chair, bell, flower</u>
K, k	/k/	kite, kangaroo, koala, key, kitchen, king, <u>game, socks, tree</u>
L l	/l/	lettuce, lake, lemon, light, lion, letter, <u>ribbon, sun, duck</u>
M m	/m/	mitten, mat, math, melon, monkey, moon, <u>cook, pen, window</u>
N n	/n/	nest, nail, neck, newspaper, night, nine, <u>house, rain, bag</u>
P p	/p/	pig, pencil, pie, pan, pizza, pool, <u>dolphin, cookie, bear</u>
Q q	/k/	queen, question, quiet, quilt, quiz, quill, <u>gate, fire, park</u>
R r	/r/	rain, rabbit, river, ring, robot, ribbon, <u>lamp, donkey, tiger</u>
S s	/s/	sea, sun, seven, sandwiches, snake, snow, <u>ship, flag, milk</u>
T t	/t/	turtle, tea, two, tennis, tiger, telephone, <u>fig, deer, mountain</u>
V v	/v/	violin, vet, vase, van, vegetable, vest, <u>banana, fruits, penguin</u>
W w	/w/	window, wave, witch, wolf, wine, winter, <u>rock, brown, mirror</u>
Z z	/z/	zero, zebra, zipper, zigzag, zoo, zone, <u>rainbow, giraffe, jacket</u>
CH ch	/tʃ/	church, chair, chick, cherries, chess, cheese, <u>train, theater, house</u>
SH sh	/ʃ/	ship, shrimp, shell, shirt, shoes, shop, <u>star, chicken, table</u>
WH wh	/w/	white, whale, whistle, wheel, whip, wheat, <u>shark, chalk, trap</u>
TH th	/θ/	Thursday, thumb, thunder, theater, thrill, thick, <u>turkey, sun, sheep</u>

＊下線単語はオンセットが異なるもの。Ｘｘはオンセットの単語が少ないのでリストに入れていない。

活動4	始まりの音に気づこう	目安時間：3分

目的	(1)単語の最初の子音(オンセット，onset)に気づく。 (2)オンセット・ライム構造に気づく。 (3)音素の単位に慣れる。 (4)頭韻(alliteration)を楽しむ。
教材	ワークシート，それに関連する音声

活動の進め方

①ワークシートと音声を用意する。
②目標の音を確認する。
③言葉の始めに目標の音があれば，その絵に○をつけるように指示する。
④答え合わせをしたあと，目標の音が含まれている単語を数回言う。

■ 活動の留意点 ■

①この活動は単語の知識やスペルを問うものではないので，プリントには絵だけでスペルは書かない。つまりオンセットの気づきを高める活動なので単語の意味などもたずねないようにする。一つの音に対し，誤答も含め九つほどの単語の絵を用意し，答えあわせを含めても一つのワークシートには2〜3分かかる程度とする。

②個人作業ではなく全体の活動にすることもできる。その場合はワークシートを拡大して黒板に貼る。児童は異なるオンセットで始まる単語の場合は「手をあげる」「立つ」，または「Yes / No」で答えさせる。

役に立つ英語表現

▶ Please circle the picture if the word starts with /b/ sound.
（/b/ という音で始まる単語の絵に○をつけましょう）

【ワークシート例】

単語をよく聞いて，b の音から始まる単語の番号に○をつけましょう。

① ② ③
④ ⑤ ⑥
⑦ ⑧ ⑨

【読まれる単語】

① monkey，② pear，③ baby，④ bear，⑤ book，⑥ vase，⑦ bird，
⑧ bus，⑨ cherries

活動5	ハイ・テンゲーム

目安時間：3分

目的	(1)ライム(rhyme)に気づく。 (2)オンセット・ライム構造に気づく。 (3)音素の単位に慣れる。 (4)ライムを楽しむ。
教材	単語リスト(次ページ参照)

活動の進め方

①まずはパートナーとハイ・テンをする。ハイ・ファイブは自分の片手と相手の片手を合わせる活動だが，ここでは両手を合わせるのでハイ・テンとしている。

②ターゲットライムを決める。

③ライムが違う言葉が聞こえたら，二人でハイ・テンをするように指示する。ハイ・テンの一番早いペアが勝ちとなる。

活動の留意点

①消しゴムゲームと同様，正解を何番目に言うのかは子どもたちの反応を見て，早めに出したり，遅めに出したりと緩急をつけてゲーム感覚を盛り上げるようにする。

②異なる言葉は，例えば，rat と pig のように違いがわかりやすいものから始め，cat, mat, pan のように最後の子音を変えたり，cat, mat, sit のように母音を変えることもできる。消しゴムゲーム同様に異なるものを調整することで，チャレンジングなゲームにする。

③ハイ・テンゲームだけを行うときは3～4回，消しゴムゲームを行うときも2～3回程度にして，全体としてはあまり時間をかけないようにする。

④ゲームで使う単語については，次ページの単語リストを参考にする。

ハイ・テンゲームのための単語リスト

ライム　単語の例

at	cat, mat, fat, rat, hat, bat
an	man, can, pan, fan, van
ap	cap, lap, nap, map, wrap, tap
en	ten, yen, hen, pen, Zen
et	pet, wet, get, bet, debt, let, set
ig	pig, dig, big, fig, twig, wig
in	pin, kin, bin, fin
og	dog, log, jog, frog, fog
op	top, mop, hop, shop, chop
un	sun, run, fun, bun, gun
ug	mug, hug, rug, jug, tug, plug
ake	lake, rake, cake, snake, shake, make, take
ain	rain, chain, train, main, plain
eep	jeep, sheep, deep, keep, beep, sleep
eat	eat, meat, beat, heat, neat, seat, wheat
ine	pine, wine, vine, nine, dine, fine, line
ive	five, dive, hive, live, drive
ose	rose, hose, nose, pose, close, prose
oat	goat, coat, boat, float, throat
ue	blue, clue, true
ook	book, hook, look, cook
all	fall, wall, tall, small, call

| 活動6 | 同じライムを探そう | 目安時間：3分 |

目的	(1)ライム(rime)に気づく。 (2)オンセット・ライム構造に気づく。 (3)音素の単位に慣れる。 (4)ライム(rhyme)を楽しむ。
教材	ワークシート(次ページ参照)

活動の進め方

①ターゲットのライムを言う(例：cat の -at)。

②一つの音に対し，誤答を含め七つか八つほどの単語の絵を用意し，目標のライムを持つ言葉(の絵)に○をつけるように指示する。

③答えあわせをして，韻を踏んでいる言葉を繰り返して言うように指示する。

■ 活動の留意点 ■

①この活動は活動4と同様に単語の知識やスペルを問うものではないので，単語の意味をたずねないようにする。答えあわせを含めても一つのワークシートに2〜3分程度しかかけない。

②ワークシートを拡大して，クラス全体の活動にすることもできる。

役に立つ英語表現

▶ Look at the worksheet and find a "cat" in the center.
（ワークシートを見て，真ん中の猫を見つけてください）

▶ Please find words that rhyme with "cat". Then draw a circle around the pictures. （"cat" という韻を踏む言葉をみつけてください。そして絵に○を描いてください）

【ワークシート例】

【読まれる単語】

① hat, ② pan, ③ dog, ④ bell, ⑤ bag, ⑥ mat, ⑦ bat

活動7 「つかまえた！」ゲーム

目安時間：3分

目的
(1)オンセット・ライム構造に気づく。
(2)音素の単位に慣れる。
(3)頭韻(alliteration)および脚韻(rhyme)を楽しむ。
(4)グループワークを楽しむ。

活動の進め方

①5～6人のグループで円になるように指示する。
②左手を軽く握るように指示を出す。
③右の人差し指を，右隣の人の左手の中に入れるように指示する。
④目標の音を決めて，その音で始まらない単語を聞いたら，右手の人差し指をすばやく抜く一方，左手にある隣の人の人差し指を素早くつかむように指示する。

■活動の留意点■

①活動3の消しゴムゲーム，活動5のハイ・テンゲームと同じことをしているが，この活動はグループ活動で，また両手を動かすことが必要なので，身体的な能力も必要になる。体を使って学習することが好きな児童に喜ばれる活動である。
②授業が活性化されるが，あまり長く行わないようにする。オンセットとライムを別々の活動として行うのなら三～四つ，同時に行うのであれば三つずつぐらいが適当な数である。
③左手の握り方が最初からきつくならないように「Oの形を作ってください」などと指示を出してもよい。
④同様にライムで活動をすることもできる。

3章●音韻認識能力を伸ばす学習

| 活動 8 | サウンド・テニス |

目安時間：3分

目的
(1)オンセット認識を高める。
(2)語彙知識の定着を高める。
(3)ゲームを通して英語の授業の楽しさを味わう。

活動の進め方

①クラスを二つに分けて目標とする音を決め，その音から始まる単語を時間内に言い合うという，ゲームのやり方を説明する。

②児童が活動に慣れるまでは「指導者」対「児童全員」とし，慣れてきたら「男子」対「女子」，または「1〜3班」対「4〜6班」など，クラスを二分割する方法を工夫する。

③例えば目標の音を /m/ と決めて，「それではそれぞれ5秒以内で /m/ から始まる単語を言いましょう。5秒以内で言えなければ負けになります。わかったらその場で大きな声で言ってください。ただし同じ言葉は言えません。先生から始めますね。Monkey 5, 4, 3…(と自分が単語を言うとすぐ数字をカウントし始める)」などとやり方を説明する。

活動の留意点

①これは文部科学省発行の『We Can! 2』で，「Sounds & Letters」の主要活動として紹介されている。活動3，4と同様に，単語のオンセットに気をつけることで音素認識能力が高まり，単語知識の定着も促進される。

役に立つ英語表現

▶ Think of any words starting with (　) sounds. You have to say it within five seconds.
　((　)の音で始まる単語を考えてください。5秒以内に言わなければなりません)

> **附録活動** ローマ字から音素を学ぼう
>
> 目安時間：3分
>
> | 目的 | (1)英語では音素に文字が対応していることについて考える。
(2)ローマ字の仕組みについて復習する。 |
> |---|---|
> | 教材 | ローマ字表(訓令式・ヘボン式) |

活動の進め方

① 「ローマ字を学習していますね(しましたね)。みんな『か』と言ってください」と言う。
② 「最後の音は何ですか？　最初の音は何ですか？」と問う。
③ 「このローマ字表を見てわかるように、〈か〉という音は二つの音〈k〉と〈a〉からできています。一つだと思っていた音が分解されて、二つの音からできています。英語ではこの小さな音に気づくことが大切なので、覚えておいてください」と確認する。
　＊このような解説は日本語でしたほうが効果的である。

■ 活動の留意点 ■

① 理論の部分で述べたように、日本語はモーラと呼ばれる音節に近い音が基本的な単位で、仮名文字はそれに対応している。そのため音素レベルで音を認識することはほとんどない。しかしローマ字が導入される段階で、ひらがなを音素単位で表示することが求められる。ローマ字指導をするときに、音素についても「一番小さな音の単位」と説明することができる。
② 教室では次ページのようなローマ字表を使うことが多いが、音素を教える上で有効な教材である。例えばひらがなで「か」、または漢字で「蚊」と書かれていたら、子どもたちは「か」という音の分析をそれ以上行う必要はない。しかし、「ka」とローマ字で書かれると一つの音(モーラ)の中に二つの音があるということに児童は気づく。このように児童がモーラや音節の内部構造に気づくので、音素について説明しやすくなる。

③新学習指導要領のもと第3学年においてローマ字とアルファベットが導入される。ローマ字はあくまでも日本語の音をアルファベット文字で表記しているので，英語の学習にはマイナスになることを考えて，いつ導入し，どのくらい指導するのかをしっかりと考える必要がある。
④ローマ字には訓令式とヘボン式があるが，英語の発音に基づいているのはヘボン式ローマ字である。

教材　ローマ字表

清音

	a	i	u	e	o
k	ka	ki	ku	ke	ko
s	sa	si [shi]	su	se	so
t	ta	ti	tu [tsu]	te	to
n	na	ni	nu	ne	no
h	ha	hi	hu [fu]	he	ho
m	ma	mi	mu	me	mo
y	ya	—	yu	—	yo
r	ra	ri	ru	re	ro
w	wa	—	—	—	—
n	n	—	—	—	—

濁音・半濁音

	a	i	u	e	o
g	ga	gi	gu	ge	go
z	za	zi [ji]	zu	ze	zo
d	da	di [ji]	du [zu]	de	do
b	ba	bi	bu	be	bo
p	pa	pi	pu	pe	po

＊[　]はヘボン式ローマ字。

4章

アルファベット学習(2)
字形と音(フォニックス)

フォニックスとは何か？

　さて，2章ではアルファベット26文字の字形とその名前との関係について学び，3章では英語の音韻・音素認識能力，特にオンセット・ライム認識について述べてきました。これらは本章で説明するフォニックス指導を成功させるために必要な二つの大きな力となります。本章ではこれら二つの能力があることを前提に，フォニックスについて理解を深めていきましょう。

　フォニックスは，「instructional practices that emphasize how spellings are related to speech sounds in systematic ways（体系的な方法を用いてスペルがどのように音と関連しているのか重要視する教育実践）」（Snow, Burns, & Griffin, 1998, p. 52），または広義に「any approach in which the teacher does/says something to help children learn how to decode words（子どもたちが言葉の読み方を学べるように先生が行うアプローチ」（Stahl, 2002, p. 335）と定義されています。

　つまりフォニックスは，子どもたちが文字と音との対応を学び，それを実践の場面で予測し，応用できるように教える方法を指します（Chall, 1967, p. 313）。このような文字と音との関係は，アルファベットの原則（alphabetic principle）と呼ばれます。つまりフォニックスは「文字と音との間に体系的で予測のつく関係があることを理解する力を育てる教授法」であると言えるでしょう（Ambruster, Lehr, Osborn, Adler, 2009）。

フォニックスの種類

　フォニックスでは文字が主体となることから，話し言葉の音構造を理解する音韻・音素認識能力とは異なります。繰り返しになりますが，フォニックスは文字と音（英語では音素）との関連を教える学習方法であり，学習者は自分自身でそれぞれの文字（群）がどのような音を持つのかを意識的に学んでいくことになります。

　フォニックスは長年，英語圏の教育現場で使われてきており，さまざまな種類があります。中でも代表的なものとしては，シンセティック・フォニックス（Synthetic Phonics）とアナリティック・フォニックス（Analytic Phonics）

があげられます。

　前者は一つひとつの文字に対応する音を理解し，それぞれを合わせて（synthesize），単語全体を把握する方法を指します。例えば，「pは/p/, eは/e/, nは/n/なので，三つを合わせると/pen/という音になる」というように学びます。現場で行われているフォニックスの多くは，このシンセティック・フォニックスです。

　アナリティック・フォニックスは，既習の単語から文字と音との関係を教えていきます。学習者は音素を発音したり，それらを合成したりすることは行いません。指導者は，学習者が知っている単語に含まれている音素について説明します（例えばcatの母音/æ/）。続けて，説明した音が入っている他の単語を提示し，学習者に対してどこにその音が含まれているのかを問いかけます（例：apple, pan など）。つまり，知っている単語，もしくは単語を理解したあとに，文字と音との関係を教えることになります。

　このアプローチは英語圏では1980年代，ベイサル・リーディング・プログラムの中心的な役割を担っていましたが，1990年代以降はあまり使われなくなりました。

　その他，難読症（dyslexia）の人に効果的と言われているオートン博士とギリンハム博士が開発したアプローチ（Orton-Gillingham Approach）は，五感を使いながら，音と文字との関係をスモールステップで教えます。また，最初から文字と音との関係を直接的に教えていくアプローチ（direct instruction approach）は名前が示す通り，少なくとも最初のうちは文字の音だけ（例：B, bと/b/）を教え，文字とその名前（例：B, bと/bɪ:/）は教えません（Stahl, 2002）。

ニュー・フォニックスの特徴

　このようにフォニックスにはさまざまな種類がありますが，私が小学校で実践しているのはニュー・フォニックス（New Phonics）と呼ばれる形態に近いものです。前章でも説明したように，英語圏の児童でもいきなり音素レベルでの認識は難しく，その前にオンセット・ライムの認識力を高めていると

推測されています。そのためニュー・フォニックスはまず，オンセット・ライムで文字と音との関連を教えていきます。

It (the '*New Phonics*' teaching approach) takes into account how children develop phonological awareness through recognizable phases and marks a move away from traditional phonics teaching which encourages children to sound out each letter in a word and blend the sounds together, e.g. "c-a-t" spells cat. In *new phonics* a more 'chunking' approach, based on the natural division of syllables into onset and rimes e.g. "c-at" spells cat, is used as a starting point. （Stackhouse & Wells, 2001, p. 29）

（ニュー・フォニックスは，子どもたちが特徴的な段階を経て音韻認識能力を発達させていることを考慮し，一つひとつの文字を音声化し，それらを混合させるという伝統的なフォニックス(例：c-a-t の文字に対応する音〈素〉を合わせて cat と音読させる)から袂を分かった。ニュー・フォニックスでは，音節の自然な分節単位であるオンセット・ライム(例：c-at)を基に，「チャンク〈塊〉」を使って教える方法が最初の段階で以前より多く活用されている）

フォニックスと音韻・音素認識能力

　では果たして，前章で取り扱った音韻・音素認識能力と，フォニックスとはどのような関係があるのでしょうか。それは一言で言えば，フォニックスを理解するためには，学習者が英語の言葉の音の構造を理解していることが前提になるということです。

　もしも十分に音素認識能力が育っていない段階でフォニックスを導入すると，どうなるでしょうか。音素に対する認識がないまま音について学習することになり，「P says /p/, /p/.」と聞いても，肝心の音素を「プ」「プ」と日本語的に聞いて発音し，その音が定着します。その結果，音素について理解することができず，フォニックスの授業も十分に理解できなくなり，「音読ができない」「習った単語は読めても新出単語が読めない」「スペルが書けない」といった問題を抱えるようになります。

英語圏においてでさえ,これまで児童が音韻・音素認識能力を持っているかどうかについてあまり注意が払われず,特別に教えられていませんでした(Snow, Burns & Griffin, 1998)。しかし最近は,さまざまな研究報告により,英語圏でも音韻・音素認識能力の発達が重要であることが認識され,授業に取り入れられるようになっています。

　日本では,カリキュラムに音韻・音素認識能力を意識的に育てる活動を導入し,体系的にフォニックス指導を行っている公立小学校は少ないのが現状です。中学校でフォニックスを導入していたとしても,音韻・音素認識能力を育てる体系的なプログラムを実施しているところは,これまで少なかったように思います。音素レベルで音を認識することができない子どもにとっては,フォニックスがルールだけを覚えるつらい指導法になることを知っておくべきでしょう。

フォニックスとリーディング能力

　さて次に,フォニックスとリーディング能力にどのような関連性があるのか考えていきましょう。前述のリーディングに関する全米調査委員会は,フォニックスに関して次のように報告しています(Ehri, 2006)。

(1) Systematic phonics instruction helps children learn to read more effectively than does non systematic or no phonics instruction.
　　(体系的にフォニックスの指導をしていない,またはまったくしていない場合と比べ,体系的なフォニックス指導は児童がリーディング能力を獲得するのに効果的である)

(2) The impact of phonics instruction on reading was significantly greater in the early grades than in the later grades.
　　(リーディングにおけるフォニックス指導の効果は,高学年〈2〜6年〉より低学年〈幼稚園生と1年生〉に大きく表れた)

(3) Phonics instruction benefited reading comprehension.
　　(フォニックス指導は読解に役立っていた)

(4) Systematic phonics instruction was found to boost spelling skill in beginning readers, but failed to boost spelling among learners above first grade.
（体系的なフォニックス指導は，リーディング学習を始めた学習者のスペリングの力を高めたが，1年生より上の学年のスペル学習を高めるものではなかった）

これらの研究結果からわかることは，フォニックス指導は場当たり的に行うものではなく，体系的であることが大切であり，導入は早い時期が良いということでしょう。以上のことを踏まえて公立小学校でフォニックスを導入する場合，下記の点に留意する必要があるでしょう。

(1) フォニックスは育てるべき力を考慮した体系的なカリキュラムが必要である。小学校ではどこまで教えるのかを十分に吟味しつつ，中学校と連携してカリキュラムを作成する必要がある。
(2) フォニックスはメタ言語的な能力を必要とする。個人差はあるが，子どもたちがある程度，意識的な学習ができる年齢に達していることを確かめて導入するか，それなりのストラテジーを教えながら導入する。
(3) 導入する前に，児童がアルファベットの大文字・小文字の字形と，その名前を十分に理解していることが大切である。
(4) 指導する前に，児童が音韻・音素認識能力を十分に持っていることが必要である。
(5) 身近な単語から始め，子どもたちに文字が音声化される過程を体験させ，読める(decode)という自信を持たせることが大切である。

注意しなければならない二つの問題

加えて，日本人児童へのフォニックス指導は，特に次の二点に注意する必要があるでしょう。一つは，英語は音とつづり字が一致しないものが多い，いわゆる「学習者泣かせ」の言語であるということです。このために，英語

を母語とする子どもたちでさえも読み書きの学習には大変苦労しています。

　世界の言語の中でも英語は特に文字と音との対応が複雑な言語であり，音韻的に不透明言語(opaque language)と呼ばれます。中でも母音の発音の仕方は，c<u>a</u>t，c<u>a</u>ll，c<u>a</u>r，c<u>a</u>ke，c<u>a</u>re，に見られるように読み方がさまざまで，一貫性がないと言われています(Treiman, Tincoff, & Rashotte, 1994)。そのため，フォニックスのルールだけでは到底処理しきれない多くの単語があるのです。フォニックスのルールを教えすぎると，学習者，特に児童にとっては逆に混乱をまねき，文字を嫌う子どもが出てくる可能性もあります。高い頻度で出てくる単語は文字に分解しないで，そのまま覚えるサイト・ワード・メソッド(sight word method)やホール・ワード・メソッド(whole word method)が有効です。

　もう一つ気をつけなくてはいけないことは，読解力を伸ばすには文字と音の関係についてだけではなく，他の力も必要であるということです。前述したように，フォニックスは英語圏では幼稚園もしくは小学校1年生に導入するのが一番効果的で，それ以降のリーディング能力にはあまり影響しないと報告されています。フォニックスは基本的な音読力(decoding)を身につけ，単語の認識に大変役に立ちますが，それだけでは解釈する力(comprehension)はつかないとされ，やがてホール・ランゲージ・アプローチに沿った指導へ移行していきます。

　リーディングで最も大切なことは，「内容を理解する力」を身につけることです。フォニックスのみではその目標を達成できないことを意識しながら指導することが大切です。

話し言葉の発達とリテラシー

　また，注意しなければならないのは，母語話者は当然，母語である英語の中で生活を送っているということです。つまり彼らはすでに話し言葉を獲得し，ある程度の音韻認識力や語彙を持ち，文法的には大人に近い言語能力を有しているわけです。しかし，外国語として英語を学ぶ日本人には，それらの話し言葉やそれから得られる知識はありません。当然，それはリテラシー

の発達にも大きく影響してきます。つまり日本人は,書き言葉の土台になる話し言葉も同時に育てていかなければならないのです(5章参照)。

いくら単語が音読できても,音読できた単語(の意味)を知らなければ,学習者にとって喜びとはなりません。例えば,多くの児童はすでに「pig＝豚」と知っているので,pigが音読できると,文字を読む喜びを感じます。しかし,最初の一文字を変えてfigを音読できても,「fig＝いちじく」を知らなければ,音読にそれほどの意味を感じない可能性があります。そのため,リタラシーを獲得するためにはボトムアップ的な力とともに,豊かな音声言語に触れることも重要になってきます。

日本人児童へのフォニックスの効果

さて,これまでは主に英語圏のフォニックスの研究について述べてきましたが,日本人児童にはどのような効果をもたらすのでしょうか。

ここで紹介する研究も,公立小学校に通う高学年児童246名を対象にした2年間の縦断研究です。①文字とその名前の関連が理解できているかを測定するテスト,②音韻認識能力を測定するテスト,③文字と音の関連が理解できているかを測定するテスト,④語彙テスト(音,スペル,意味をたずねる数種類のテスト),⑤リーディングの力を測るテスト,という5種類のテストを行いました。

第1回の測定時期(T1)は参加者が5年生の4月,第2回の測定時期(T2)はその1年後の彼らが6年に進級した4月,最後の測定時期(T3)は彼らが卒業する直前(2月)に測定したものです。図4－1ではそれぞれの変数がどのように関連しているのかを示していますが,ここではリーディング能力に影響しているものだけを見ていきましょう。

まず語彙力($\beta = .50$)が大きくリーディング能力に関係していることがわかります。語彙力テストでは,英語を聞いてそのスペルがわかる力,英語を聞いてその意味がわかる力,スペルを見てその意味がわかる力,意味を見てそのスペルがわかる力という4種類の力を測定しました。

児童は週1回の授業,その中でも10分程度しかボトムアップ指導を受け

ていませんでしたが,それでもやはり語彙力がリーディング能力の発達に影響を与えていることがわかりました。6年次のはじめに測定した音韻認識能力($\beta = .16$)と文字と音に関する知識($\beta = .13$)が影響していることも見てとれます。この文字と音に関する知識はさらに語彙力に大きく影響しているので($\beta = .40$),間接的にもリーディング能力の発達に影響していることがわかりました。

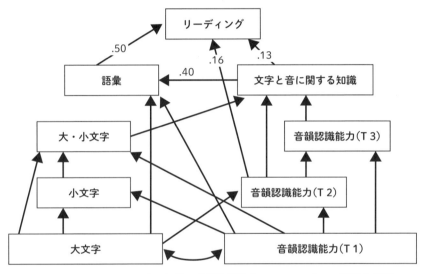

図4-1 アルファベットの知識,音韻認識能力,フォニックス,語彙などがリーディングに与える影響[1]

今回使用しているリーディングテストには,簡単な文と絵を一致させる問題が多く,学習者が音読(decoding)能力を持っていれば理解できる初歩的なものでした。しかし,そのような力でさえも文字と音との関連が理解できる力が影響しているのです。

---

[1] これは科学研究費基盤B(課題番号:23320118 研究代表者名:アレン玉井光江)「英語の初期学習者を対象としたリタラシー教育に関する研究——小中連携の視点から」の研究で行った。

このことからも，英語圏の児童だけではなく，日本人児童においても文字と音との関連を教える指導法であるフォニックスが効果的であることがわかります。

音を意識的に学習する

　本章の後半で紹介している活動は，音韻・音素認識能力を育てたあと，ゆるやかにフォニックスに移行していくように順序立てた構成にしています。指導は下記のような順番で文字と音との関連をしっかり育てていきます。

　文字と音との関連を意識的に学ぶことから，各音を言い分け，聞き分けることもできるようになります。指導は，最初は認識(recognition)する力を育て，そのあとで産出(production)する力を育てます。

① 音素活動(アルファベットの名前から音へ)
② アルファベットの名前と音の確認活動
③ オンセット・ライム活動(ニュー・フォニックス)
④ ダイグラフ(2字1音)活動
⑤ 短母音活動
⑥ 長母音活動

　小学校では①〜④の活動で，文字を音との関係を理解する力を育て，定着させることが大きな目標になるでしょう。④はダイグラフ(digraph，2字1音)と呼ばれる2文字で一つの音を表すものを取り扱います。本章では sh, ch, th(無声音と有声音), wh, ph と，語尾に来る音として -ng, -ck を扱います。これらは頻度の高い単語によく出てきますし，特に wh は疑問詞に含まれますので，中学校との連携を考えても教えておくべきものだと思います。

　活動⑤と⑥は母音の学習です。母音がわからないと単語理解が進みませんが，短母音は聞き取りが難しく，長母音はスペルが複雑になり，小学校段階での完全な習得は難しいでしょう。ただオンセット・ライムの学習を③で行うので，例えば cat, mat, hat の脚韻練習から -at のライムに慣れるため，そ

こに含まれる母音(/æ/)に対する気づきは高めることができます。

しかし、短母音には日本語では代音できないものがあるため、その音と文字を関連づけて学習するのには時間がかかります。例えばcat-cot-cutやpen-pan-pinなど、単語を全体として覚えることもできますが、同時に母音を聞き分ける力をつけることが望まれるので、それには小学校だけの学習では足りず、中学と連携して指導する必要があります。

さらに長母音の学習は、音を理解することはあまり難しくありませんが、音とスペルとの関連が複雑になってきます。スペルと関連した文字指導については、学習指導要領(2017)で「中学校で発音と綴りとを関連付けて指導することに留意し、小学校では音声と文字とを関連付ける指導に留める」(p.78)と書かれているように中学校で行うべき指導とされています。

本書では対象を小学校から中学校の学習者としているので、母音学習に関連する活動も紹介しますが、小学校でできることや定着させたい力、中学校でも引き続き指導が必要なもの、といったように指導者が到達可能な目標を定めてシステマティックに指導することが重要です。

音素体操をやってみよう！

この章の最後に、音韻認識能力を高め、フォニックスにつながる活動である音素体操を紹介したいと思います。これは著者が開発した活動で、アルファベットの大文字の字形と名前の学習が終わり、アルファベットの原則(alphabet principle)を学習する段階へと移るときに使うのが一番効果的です。文字の名前を理解したその知識、技能を有効に活用して音を学習していくものですが、理論的な枠組みは次のようなものです。

英語のアルファベットは、字形のみではなく名前に含まれる音においても、その特徴を分けることができます。アルファベット26文字の名前は「W」のみが2音節で、あとはすべて1音節です。また、多くの名前は一つの子音と一つの母音の2音素でできているという大きな特徴があります。

「子音＋母音」パターンで一番多いのは「子音＋/iː/」(例：B)で、「母音＋子音」パターンで多いのは「/e/＋子音」(例：F)です。前述のように、英語圏

の子どもたちはアルファベットの学習を通してこのような文字の名前に含まれる音韻構造の特徴に気づき，それに対する感覚をみがいていると言われています(Treiman, Tincoff, & Richmond-Welty, 1996)。実際，英語圏の就学前の子どもたちは，アルファベットの字形を見てその「名前」を言うほうが，その「音」を言うよりはるかによくできています。

このことからも，子どもたちは文字の「名前」を最初に理解し，そのあとに，アルファベットの原則(alphabet principle)を学んでいくと推測できるわけです。

アルファベットの名前から音へ

このようにアルファベットの文字とその名前を学習した子どもは，その知識を使って文字の音を理解していくことが明らかになっています(Treiman, 2006)。つまり，彼らは V は /viː/ という「名前」と，/v/ という「音」を持つと別々に理解しているのではなく，V と /viː/(名前)を理解し，そこから /v/ という「音」を抽出して，文字と「音」の関連を学ぶのではないかと考えられているのです。

また，/viː/ から /v/ の音を抽出する行為は，すでに彼らが音素を操作する力，つまり音素認識能力を有していることを示しています。言い換えれば，文字の名前を学習することを通じ，彼らはそれらの共通点(例：B，C，D，E，G，P，T，V，Z に共通する音である /iː/)に気づき，さらには名前の中にある音素(例：M の /em/ の中の /m/)に気づいていくわけです。繰り返しになりますが，このような理由から，2章で取り扱ったアルファベット学習（字形と音）において，アルファベットの名前を英語の音で十分に認識し，そして言えるようになることがとても重要なのです。

音素体操は体を使うことで，このようなアルファベットの名前を音素で区切るという音節内部構造への気づきを育てる活動です。短子音とそれに続く母音などとを分けることで，音節の内部構造を体で覚えるのです。以下，具体的にどのように音素体操を指導するのかを示します。

①六つのグループに分ける

アルファベットの名前は音韻的にみて次のように六つのグループに分けられます。グループ別に色分けをしたチャートを用意します。

(1) 子音＋/ɪː/
B(/biː/), C(/siː/), D(/diː/), E(/iː/), G(/dʒiː/), P(/piː/), T(/tiː/), V(/viː/), Z(/ziː/)

(2) /e/＋子音
F(/ef/), L(/el/), M(/em/), N(/en/), S(/es/), X(eks)

(3) 子音＋/juː/
Q(/kjuː/), U(/juː/), W(/dʌb⟨ə⟩ljuː/)

(4) 子音＋/eɪ/, もしくは/eɪ/＋子音
A(/eɪ/), H(/eɪtʃ/), J(/dʒeɪ/), K(/keɪ/)

(5) 子音＋/aɪ/
I(/aɪ/), Y(/waɪ/)

(6) その他
O(/oʊ/), R(/ɑːr/)

②音素体操を行う

それぞれのグループに共通する母音に対して、特定の動作をつけます。耳と口だけではなかなか実感できない音素ですが、動作を加えることで音素を体で学ぶことができるのです。それぞれ共通の母音に次のような動作を加え、子音のところでは、1音素に一つ手拍子をするようにします。

(1) 共通母音/ɪː/は両手を広げます。このグループの文字はE以外すべて2音素で、子音から始まっているので、手拍子を一つしてから両手を広げる同じ動作です(B, C, D, E, G, P, T, V, Z)。Eは手拍子はいりません。

(2) 共通母音/e/は上下のこぶしを体の前で合わせます。このグループはX以外2音素で、子音で終わるので、こぶしを合わせたあとに手拍子をします。Xだけ3音素なので、手拍子を2回します(F, L, M, N, S, X)。

(3) 共通母音 /u:/ は両手を合わせて前に出します。すべて母音 /u:/ の前には半母音 /j/ があります。半母音も 1 音素として数えるので，Q は 2 回手拍子をしてこの動作，U は 1 回手拍子をしてこの動作，W は 5(6)回手拍子をしてこの動作になります(Q, U, W)。

(4) 共通母音 /eɪ/ は両手を合わせ上から下へ動かします。三つの文字はそれぞれ 2 音素ですが，H は子音で終わるので，この動作をして手拍子をします。J，K は，子音から始まっているので，手拍子をしてこの動作をします(A, H, J, K)。

(5) 共通母音 /aɪ/ は両手を合わせて上にあげます。I はそのまま，Y は子音で始まるので，手拍子を 1 度してこの動作をします(I, Y)。

(6) O は両手を合わせて大きな丸を作ります。R はアメリカ手話の R を模して両手で形を作ります。

(1) /ɪ:/　　(2) /e/　　(3) /ju:/

(4) /eɪ/　　(5) /aɪ/　　(6) R

この活動は，英語圏の子どもたちがアルファベットの名前からアルファベ

ットの音を習得する過程を参考に，日本人児童向けに開発したものです。授業で行うと体を動かしながら，児童は音素という慣れない音の単位を体で感じ，理解するようになります。

音素体操は，アルファベットの名前を音素で区切るという音節内部構造への気づきを育てる活動でもあります。前述した消しゴムゲームやハイ・テンゲームのような，音韻認識能力を伸ばすゲームと前後して導入していくのがよいでしょう。

繰り返しますが，音素体操を通して体を動かし，耳を刺激することで，子どもたちは音素という馴染みのない音の単位を体得していきます。この体操を通して，児童は少しずつ，しかし確実に音素という単位に気づき，文字と音との関連を学習していきます。

ここがポイント！

- ☑ フォニックスとは「文字と音との間に体系的で予測のつく関係があることを理解する力を育てる教授法」である。
- ☑ フォニックスにはさまざまな種類があるが，シンセティック・フォニックスがよく使われている。
- ☑ 本書ではオンセット・ライムに基づいたニュー・フォニックスに近いフォニックスを使用している。
- ☑ フォニックスを始める前に，児童が十分にアルファベットの大文字，小文字を理解していることが大切である。
- ☑ フォニックスを始める前に，児童がある程度，音韻認識能力を有していることが大事である。
- ☑ フォニックスを教えすぎないように注意する。あまり多くのルールを教え込んではいけない。
- ☑ 文字の「名前」から「音」の学習を進める音素体操という活動が効果的である。

| 活動 1 | 音素体操をしよう | 目安時間：3〜5分 |

目的	(1)アルファベットの名前から音を学ぶ。最初に /iː/ グループを，次に /e/ グループを，最後に /ju/，/ei/，/aɪ/ のグループについて学ぶ。 (2)アルファベットの名前を音素で分節する。 (3)動作を通して音素に慣れる。 (4)英語の音を意識的に言えるようにする。
教材	音素体操用のアルファベットチャート（下記解説参照）
解説	アルファベットチャートの色は B, C, D, E, G, P, T, V, Z は赤，F, L, M, N, S, X は青，A, H, J, K は黒，Q, U, W は緑，I, Y は黄，O はピンク，R は紫とする。

活動の進め方

① アルファベットチャートの中の赤い文字に注目させる（B, C, D, E, G, P, T, V, Z）。
② 共通点を探させたあと，共通する音（母音）の動作を教える。
③ それぞれの文字の名前に音（素）がいくつあるか考える。
④ 共通する音以外，一つの音に手拍子を一回することを伝える。
⑤ 動作のモデルを見せて，児童と繰り返す。
⑥ 他の色のグループも同様に進める。

■ 活動の留意点 ■

① 活動を始める前にアルファベットチャートを見せて，「色分けには意味があります。考えてみましょう」と問い，児童の意識を高める。答えが出ないようであれば，「声に出して文字を読むとわかりますよ」とヒントを出してもよい。
② 児童は最初，「B に何個の音がある？」という質問の意味が理解できない。日本語では音素を認識する必要がないので当然である。しかし，W を教えるころになると，音素についておぼろげながら認識ができるようになっている。

③この活動ではそれぞれ音素でアルファベットの名前を発音する。指導者には日本的な発音にならず，英語として理解できる範囲で各音素を発音できる力が必要になる。
④それぞれの活動で取り扱った文字は必ず次の回で復習する。
⑤すべての音のグループを学習したあとは，A〜Zの順番にすべての音素体操をゆっくりと行う。最初は正確さを求めるより，ゲーム感覚で楽しめるような声かけをする。
⑥児童の年齢，理解の度合いにより進め方を調整する必要があるが，同じ色の文字は1回にまとめて指導したほうがよい。

役に立つ英語表現

▶ Please look at the letters colored red. Let's say those letters.
（赤い文字を見てください。読んでみましょう）

▶ All letters end with the same sound, /ɪː/
（すべて /ɪː/ という同じ音で終わっていますね）

▶ How many sounds are there in the letter B?
（Bの文字にはいくつの音がありますか？）

▶ What sound is common among these letters?
（これらの文字に共通する音は何ですか？）

▶ All letters start with the sound /e/. （すべて /e/ の音から始まっていますね）

▶ Put your fists like this, and this is the gesture for the sound /e/.
（こぶしをこのように合わせてください，そしてこれが /e/ の音のジェスチャーです）

▶ Now, let's do the letter F. （それではFの文字をしましょう）

活動 2	音素体操からフォニックスへ
	目安時間：各 3〜5 分

目的	(1)文字と音（素）との関係を意識的に学ぶ。 (2)音（素）の単位に慣れる。 (3)英語の音（素）を理解できる程度(intelligible)に発音する。 (4)アルファベットの文字，名前，音の関係を理解する。
教材	音素体操用のアルファベットチャート（活動 1 と同じ）
解説	ここでは 3 回に分けてすべての音を指導する方法を例示する。

活動の進め方(1)

① A〜Z の音素体操をする。

②赤い文字を見て，それだけをもう一度行う(B, C, D, E, G, P, T, V, Z)。

③最後の /ɪː/ を言わないように指示し，/b//ɪː/ ⇒ /b/ の見本を見せる。

④他の文字も同様にアルファベットチャートの文字をさしながら，/s/, /d/, /dʒ/, /p/, /t/, /v/, /z/ のモデルを見せて，2〜3 回繰り返す。

活動の進め方(2)

① /ɪː/ グループ（赤文字グループ）の復習をする。

② /e/ で始まる文字（青文字グループ）の音素体操を行う(F, L, M, N, S, X)。

③最初の /e/ の音を出さないように指示する。最初に音を出さない動作をし，残った音(/f/, /l/, /m/, /n/, /s/, /ks/)を発音する。2〜3 回繰り返す。

④ /ɪː/ グループと今回の /e/ グループをあわせて復習する。

⑤同様に，/ei/ が含まれる文字(A, H, J, K のみ)の音素体操を行う。/ei/ の音を出さないように指示する。最初の音(/dʒ/ と /k/)のみを発音する。2〜3 回繰り返す。H には名前の中に /h/ が含まれていないので，ここではふれない。

⑥ /ɪː/, /e/, /ei/ グループ（赤，青，黒文字グループ）の音だけをグループ別に復習する。

活動の進め方(3)

音素体操では導入できない6文字の音素(H-/h/, Q-/k/, R-/r/, W-/w/, Y-/j/)と，二つの音素を持つ二つの文字(C, G)を導入する。

① /ɪː/ グループ(赤文字グループ)の子音を復習する(/b/, /s/, /d/, /dʒ/, /p/, /t/, /v/, /z/)。
② /e/ グループ(青文字グループ)の子音を復習する(/f/, /l/, /m/, /n/, /s/, /ks/)。
③ A, H 以外の /ei/ グループを復習する(/dʒ/, /k/)。
④ H, Q, R, W, Y に対応する音を教える(/h/, /k/, /r/, /w/, /j/)。
⑤最後に二つの音を持つ C と G について教える(C=/k/ と /s/, G=/g/ と /dʒ/)。

■ 活動の留意点 ■

①児童が音素体操によって体を通して音素を理解したのち，意識的に文字に対応する音を教えるフォニックスに入る。まずは認識しやすい /ɪː/ の音がある文字から始める。/ɪː/ の音を削除して /b/, /s/, /d/, /dʒ/, /p/, /t/, /v/, /z/ という音を出していく。音の練習を2〜3回行い，次にそれぞれの文字の名前と音について「name /bɪː/, sound /b/」と言いながら明示的に教える。

②次に /e/, /ei/ を含む文字について指導する。活動を続けると，児童は名前から音への変換を理解し始め，活動に積極的に取り組むようになる。理解できない児童がいる場合は，音素体操の意味をもう一度説明し練習すると，メタ言語的な力もつき，少しずつ理解できるようになる。

役に立つ英語表現

▶ Now, look at the red letters and review their sounds. Don't say the last sound, / ɪː/. Ready?（Point at the letters）/b/, /s/, /d/, /dʒ/, /p/, /t/, /v/.
（さて，赤い文字を見て音を復習をします。最後の /ɪː/ の音を言わないでください。準備はできましたか。それでは〈文字を指しながら〉/b/, /s/, /d/, /dʒ/, /p/, /t/, /v/）

| 活動3 | 文字の名前と音を復習しよう | 目安時間：3分 |

目的	(1)今まで学習した子音を中心に文字を見て音を出す。 (2)文字と音素との関係を意識的に復習する。 (3)英語の音素を理解できる程度(intelligible)に発音する。
教材	アルファベットチャート(活動1・2と同じ)

活動の進め方

①文字を指して「Name? Sound?」とたずねる。慣れてくれば，「Sound?」とたずね，音だけを復習する。

■ 活動の留意点 ■

①この活動は音素体操を学習したあとのルーティン活動として行う。
②文字と音を一致させるフォニックス指導を本格的に始める活動である。これまでかなり意識して音と文字との対応に関する指導をしているので，児童は活動の意味を理解するだろう。
③発音に気をつけるように指導していく。特に日本人英語学習者が苦手とする音を中心に練習を続ける。単音の学習は自然に身につくものではない。音の出し方をなるべくわかりやすい形で説明することが大切である。活動の途中で「下唇をしっかりかんで(F, V)」「舌を丸めて(R)」「息だけだよ(P, Tなど無声音)」などの適切な助言を行う。
④フォニックスは初期リーディング指導として単語が音読でき，意味理解につながる優れた教授法なので，この活動を6年生の最後の授業まで続けたい。これは，発音の練習としても効果的である。発音に関しては，口や舌の筋肉を実際に使い毎回練習を重ねることが大切である。

| 活動 4 | オンセットの文字を考えよう | 目安時間：5分 |

目的	(1)単語の最初の音（オンセット）を絵入り，絵なしでそれぞれわかる。 (2)単語の最初の音を聞き，それに対応する文字が認識できる。 (3)音と文字との関連について学習を深める。
教材	ワークシート，それに関連する音声

活動の進め方

①ワークシートにある音声をかけるか，先生が単語を読み上げて，ワークシートに答えさせる。

②答え合わせをしながら文字と音の復習をする。

■ 活動の留意点 ■

①児童は，三つの単語に共通する最初の音（オンセット）を聞いて，その文字を選択する。この活動を通して，文字と音との関連についての知識を定着させる。

②ワークシートを使った活動では，合格点を決めて，合格するとⓅマークをつけてもよい。例えば四つの問題があるとすると，「三問以上を正解した児童はⓅを付けてよい」という指示を出す。児童はこのⓅマークの数で自分の理解度を客観的に見るようになり，学習の達成感を得ることができる。このように自分の学習を振り返ることのできる，自律した言語学習者を育てたい。

③さらに次のページの例のようなCan-Do評価などを使い，音と文字との関連について困難を感じている児童を早い段階で見つけ，適切に指導する。

④音と文字との関連を学習しない児童は，音を介さず文字だけで，またローマ字読みで単語を覚えようとする。ある程度の単語はその学習方法で学ぶことができるが，多くの単語を学習するためには最初の段階で音と文字との関連をしっかり教えることが大切である。

【ワークシート例(1)】

三つの単語の最初の音を表す文字を○で囲みましょう。

① e　　② f　　③ m

【ワークシート例(2)】

三つの単語の最初の音を表す文字を○で囲みましょう。

① b f v　　　　② g j ch
③ l p k　　　　④ l k s

＊それぞれで流れる音声は，① butterfly, bag, book, ② jam, jacket, jump, ③ pen, pizza, pan, ④ sing, swim, sun である。

【〔参考〕Can-Do 評価例】

①まだ難しい。　②文字を見てゆっくりならその音が言える。　③文字を見て音が言える。　④文字を見て早く正確に音が言える。

活動 5　ライム(rime)から単語を作ろう

目安時間：5～7分

目的	(1)単語のオンセットを考えることで，音と文字との関係について理解する力を定着させる。 (2)ライムを通して短母音に慣れる。 (3)単語のスペルについて意識を高める。
教材	ライムカード，文字カード

ライムカード例

文字カード例
(母音, q, x, y を除いた 18 枚)

活動の進め方

①ライムカード中から 2～3 枚を選んで黒板に貼り，その読み方を確認する（例：at を見せて /æt/ と言う）。

②文字カードとライムカードを合わせて，単語を作る(例：m と at, b と ig など)。

③慣れてきたらペアで発表させる。

■ 活動の留意点 ■

①この活動は単語のスペルを教えることが目的ではない。児童は既に音声で知っている単語のスペルを自分たちで考えることに意義を感じる。ヒントとして単語の絵(at の場合は cat, mat, hat など)を用意してもよい。

②児童の単語知識は限られている。-at の例で考えると，cat, mat, hat は知っていても，rat, fat は知らない。その場合は -at のカードに r や f の文字をつけて rat, fat とスペルを見せて，児童に音読させて，単語の意味を教えてもよい。

③一つのライムにつき 3～4 分とする。

| 活動6 | ダイグラフ（2字1音）を学ぼう |

目安時間：5分

目的	(1) wh, sh, ch, th, ph, ng, ck のように二つの文字で一つの音を表すことを理解する。 (2)英語の音を理解できる程度(intelligible)に発音する。 (3)音素の単位に慣れる。
教材	ダイグラフカード，ダイグラフを含む絵カード，ワークシート

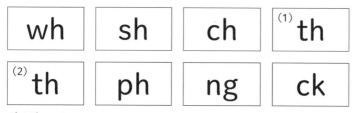

ダイグラフカード

ダイグラフを含む絵カード例

＊その他には，ch は教会(church)の絵，th(1) は「3」(three)の絵，th(2) は「これ」(this)の絵，ph は電話(phone)の絵，ng は王様(king)の絵，ck は rock(岩)の絵，などが考えられる。

＊th には (1) 無声音(息だけの音)である音(/θ/)と (2) 有声音(声が出る音)である音(/ð/)があるので，カードも上記のように2枚用意する。

> 活動の進め方

①二つの文字で一つの音を表すダイグラフ(2字1音)について説明する。
②音が含まれている単語と一緒に音の練習をする。
③それぞれの音を聞き分ける次ページのようなワークシートを行う。

■ 活動の留意点 ■

①今まで一つの文字で一つの音を表していた子音とは異なり，ダイグラフは二つの文字で一つの音を表す。このことに注意するように指導する。
② th の二つの音(有声音，無声音)は日本語にはないので，発音に注意して指導する。指導の際は，例えば th の音のときには「しっかり舌先をかんでいますか？」などとわかりやすい指示を出し，意識して発音するように指導する。
③ wh の音は，/w/ と発音されることが多いが，/hw/ と発音されることもあり，二つとも教えるようにする。Who のときには /h/ のみだが，この段階では聞いて，再生できるように求めるだけで，詳しい説明はしない。
④音だけで覚えるのは難しく，目標としている音が含まれる単語とともに導入し，リズムよく言うように指導する(例：/s/ /s/ ship)。
⑤ダイグラフは多くの単語に含まれているので，十分に練習させる。
⑥ワークシートを使用して，それぞれの音をしっかり聞き分けられるようにする。

役に立つ英語表現

▶ These combinations of two letters represent one sound.
　(二つの文字の組み合わせで一つの音を表します)

【ワークシート例(1)】

単語を聞いて sh の音から始まる絵を選んで○で囲みましょう。

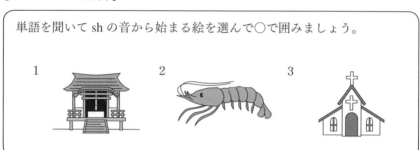

＊実際は九つ程度のイラストを入れる。

【ワークシート例(2)】

sh で始める単語だと思えば sh を，ch で始まると思えば ch を，そして th で始まると思えば th を，それぞれの文字を絵の下に書きましょう。

1 2 3

(　　　)　　(　　　)　　(　　　)

活動7	短母音を学ぼう	
		目安時間：5分
目的	(1)短母音の文字と音を学ぶ。 (2)音素に慣れる。 (3)舌の使い方を理解する。	
教材	i, e, a, o, u の文字カード	

活動の進め方

短母音は，形成する口や舌の位置から考えて i, e, a, o, u の順番で指導する。i から o まではだんだん口を開け，i〜a は舌の前方部分で発音し，o, u で舌の後方部分を使う感じになる。授業ではそれをわかりやすくするため，下のようにカードを並べて指導すると，児童は舌の動きなどに興味を示すようになる。

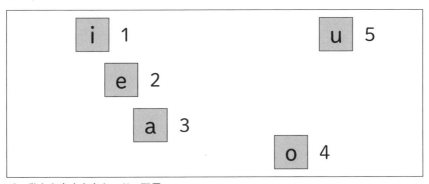

舌の動きを表す文字カードの配置

① 上記のような配置で文字カードを黒板に貼り，それぞれの音を表す文字に番号を書く。
② ALT などの先生が短母音を発音し，それに相当する数字を指で示すように指示する(例：/ɪ/ と発音すれば，児童は指を 1 本立てる)。
③ 五つの短母音を発音しながら，児童の反応を確認する。3 回続けて正解できるかなど，ゲーム的な要素を入れながら，短母音を聞き分けられる力を養う。

■ 活動の留意点 ■

① 母音の活動は簡単ではないので，十分に練習する必要がある。指でその番号を見せる際，自信のない児童は手元で中途半端に指を立てる。自分の答えを他の児童に見せる必要もないので，プレッシャーを感じないで活動に取り組むように指導する。また「○回戦」という言い方をするとゲーム性を高めるのか，間違ってもあまり気にしない。集団の中で，緊張せずに難しい音の聞き分けを練習するにはよい方法である。

② 単音の聞き分けが終わったら，単語の中で音を提示してもよい。単語の始めに目標とする音があるものを選ぶ（例：apple, igloo, elephant, octopus, umbrella）。児童が知っている単語の中で，短母音で始まる単語は少なく，未知の単語も使うことになる（例：igloo）。そのあと，なるべくCVC（子音＋母音＋子音）の単語で母音が異なる単語を使い，同様の活動を展開する（例：cat, cut, cot, kit）。

役に立つ英語表現

▶ Now, I am writing numbers next to the letters. One for /ɪ/, two for /e/, three for /æ/, four for /ɑ/, and five for /ʌ/.
（さて，文字の隣に番号を書きます。/ɪ/は1, /e/は2, /æ/は3, /ɑ/は4, /ʌ/は5です）

▶ Think which sound I am producing and show the number with your fingers. Let's practice. /ɪ/, /ɪ/, /ɪ/. How about that? Yes, it's number 1.
（私が言う音がどれかを考えて，指で番号を示してください。練習しましょう。/ɪ/, /ɪ/, /ɪ/。どうですか？　そうですね，1番ですね）

活動8 短母音を言ってみよう

目安時間：5分

目的	(1)短母音の音を理解し，相手が理解できる程度に発音する。 (2)文字と音との関係を意識的に学習する。 (3)音素に慣れる。
教材	短母音を表すカード，短母音を含む単語の絵カード，ワークシート

短母音を表すカード

短母音を含む単語の絵カード例

＊その他には，iとインク（ink）の絵，oと雄牛（ox）の絵，uと上（up）の絵などの組み合わせが考えられる。

活動の進め方
①五つの短母音を表すカードや短母音を含む絵カードとともに音を導入する。発音が難しいので，よくモデルを聞くように指示し，モデルのあとに続いて復唱させる。
②次ページのようなワークシートを使い，母音を聞き分ける活動を行う。

■活動の留意点■
①目標としている音が含まれる単語とともに導入し，リズムよく復唱する。
②短母音は /æ/, /ɑ/, /ʌ/ の聞き分けや発音が難しく，時間をかけて指導する。
③教室活動ではこれらの短母音をいっしょに教えるが，ワークシートを使用

して，それぞれの音をしっかり聞き分けられるようにする。

役に立つ英語表現

▶ It is difficult to pronounce these short vowels. So please listen to me (the CD) carefully.
（これらの短母音は発音が難しいものです。そのため私の言うこと〈CD〉をよく聞いてください）

【ワークシート例(1)】

単語をよく聞いて，aの音が入っている単語の番号を○で囲みましょう。

1　　　　　　　2　　　　　　　3

音声：1 can, 2 bat, 3 fish

【ワークシート例(2)】

単語の真ん中の音(母音)はどちらでしょうか。よく聞いて正しいものを○で囲みましょう。

① dog　dig　② mop　map
③ bus　bass　④ pin　pen

音声：① dog, ② map, ③ bus, ④ pin

活動9	長母音を学ぼう	
		目安時間：5分
目的	(1)長母音の音を学び，相手が理解できる程度に発音する。 (2) aeiou には少なくとも長母音と短母音の二つの音があることに気づく。 (3)文字と音素との関係を意識的に学ぶ。 (4)音素の単位に慣れる。	
教材	長母音を表すカードと，長母音を含む単語の絵カード，ワークシート	

長母音を表すカード

長母音を含む単語の絵カード例

＊その他には，i はアイス（ice）の絵，o は海（ocean）の絵，u は制服（uniform）の絵の組み合わせが考えられる。

[活動の進め方]

①黒板に上記のカードを貼る。

②短母音とは異なる長母音の学習である。a, e, i, o, u には「名前読み」もあることを伝える。

③それぞれの長母音と，その音で始まる単語をカードにしたがって次のように提示する。/eɪ/, /eɪ/, apron, /iː/, /iː/, eagle, /aɪ/, /aɪ/, ice, /ou/, /ou/, ocean, /juː/, /juː/, uniform.

■ 活動の留意点 ■

① 目標としている音をその音が含まれる単語とともに導入し，リズムよく言うように指導する。

② 長母音自体の発音はそれほど難しくはないが，それぞれ一つの音素であることを意識させることが大切である。例えば /eɪ/ は1音であり，日本語の「エ」と「イ」を別々に言うのではないことを伝える。音が一つながりになり，最初の音を大きく長めに，次の音を小さく短めに発音するように指導する。2字1音や短母音と同じように，この活動は6年生の最後の授業まで続けたい。

③ 教室活動では五つの長母音をいっしょに教えるが，ワークシートを使用して，それぞれの音をしっかり聞き分けられるようにする。

役に立つ英語表現

▶ Let's learn another way to read vowels. Please read each letter by its name. （もう一つの母音の読み方を学習しましょう。それぞれの文字の名前読みをしてください）

▶ Each long vowel is included in the beginning of the word. So listen to me and copy the sound.
（単語の最初に長母音が入っています。ですから音をよく聞いて繰り返してください）

【ワークシート例】

単語をよく聞いて，aの音が入っている単語の番号を○で囲んで下さい。

1　　　　　　　2　　　　　　　3

音声：1 train, 2 eagle, 3 name

活動10	短母音と長母音の違いを学ぼう

目安時間：5分

目的	(1)短母音と長母音の音を理解し，相手が理解できる程度に発音する。 (2)長母音と短母音についてルールを知る。
教材	magic 'e' を教えるためのカード(1)(2)，母音のルールカード

magic 'e' を教えるためのカード(1)

magic 'e' を教えるためのカード(2)

＊この他にも，(1)cub と (2)cube，(1)hop と (2)hope，(1)ten と (2)teen などの例が考えられる。

一つの単語の中に二つ以上の母音(a, e, i, o, u)があるときは，最初を名前読みにし，次は読まない。

母音のルールカード

活動の進め方

①前ページのカードを黒板に貼る。それぞれの短母音，長母音で始まる単語の音を練習する。

②短母音と長母音のスペルの違いについては，母音のルールカードを示して，「一つの単語の中に二つ以上の母音があるときは，最初を名前読みにし，次は読まない」というルールを教える。

③ magic 'e' の説明では，短母音から長母音の順に練習させ，ルールを理解させる。〔例：cap, cape〕

■ **活動の留意点** ■

①市販のフォニックスの教材では magic 'e' のルール（単語の最後に e が来ると前の母音は長母音になり，e は読まれない）と，ai, ay, ea, ee, ue, oa, ow, ight, y などを個別に教える方法がよく見られるが，これらを個別に教えるには時間がかかり，ルールだけが先行してしまう授業になりかねない。そこで，ここで紹介しているように「一つの単語の中に二つ以上の母音があるときは最初を名前読みにし，次は読まない」という一つのルールだけを教える。

②「一つの単語の中に二つ以上の母音があるときは，最初を名前読みにし，次は読まない」というルールは，母音のルールカードを使いながら日本語で導入し，日本語で理解するように指導する。このようなメタ言語的な理解は第一言語で行う方が効果的である。

③この活動は，児童がある程度ルールが理解できるまで続けるが，小学校の段階ですべてを理解し，活用するまで指導する必要はない。「発音と綴りを関連づけて指導する」ことは中学の学習目標なので，中学に向けての準備活動としてとらえる。

活動11	長母音が含まれる単語を読もう

目安時間：4分

目的	(1)長母音の音を学び，相手が理解できる程度に発音する。 (2)単語を読むことで長母音のルールを理解する。
教材	長母音の言葉を集めたリーディングシート

活動の進め方

①母音のルールである「一つの単語の中に二つ以上の母音があるときは，最初を名前読みにし，次は読まない」を復習する。
②先生が次ページのようなリーディングシートに書かれている単語を一列読み，児童はそのあとについて読む。
③慣れてきたら，児童だけで読む。

■ 活動の留意点 ■

①この活動をするころには児童は，(1)アルファベットの大文字・小文字の認識が十分にでき，ある程度の速さで言われた複数の小文字を4線上に正しく書く力，(2)十分な音韻認識能力，(3)子音に関して文字と音との関連をかなり理解できる力，を有している段階である。児童が当該カリキュラムを5年生から始めたとすると，(週1回の帯活動の指導で)6年生の秋ぐらいにはこのような単語を読む活動が少しずつできるようになる。
②一回に12単語程度を読み，次の週に続きを行う程度にする。
③単語が多いと思われるかもしれないが，多くをこなすことではじめて，頭の中でルールが一般化でき，理解できる。何回かに分けて繰り返すことで，児童の理解は深まる。

役に立つ英語表現

▶ Please read them by yourselves. （自分たちだけで読んでください）

【ワークシート例】

a-e	ai	ay
cake	nail	May
make	mail	day
take	sail	way
name	wait	pay
game	paint	say
face	rain	play
race	chain	tray
grapes	train	
table	plain	
plane		

5章
話し言葉とリタラシー

話し言葉の発達とリーディング能力

これまでリーディングの発達に関係するアルファベットの知識(2章)、音韻認識能力(3章)、そしてフォニックス(4章)について述べてきました。しかし、これだけではまだ十分ではありません。図5-1が示すように「話し言葉」もまた、リーディング能力の発達に深く関わっているからです(Whitehurst & Lonigan, 2002 など)。話し言葉とは音声言語と言い換えられ、つまりは日常生活における会話などの音声による言語活動を意味します。話し言葉が十分に育っていれば、児童はリーディングに関する多くの課題を解決できるとも考えられています(Snow, Burns, & Griffin, 1998)。まず英語圏の研究から、リーディング能力の発達と話し言葉との関係についてみていきたいと思います。

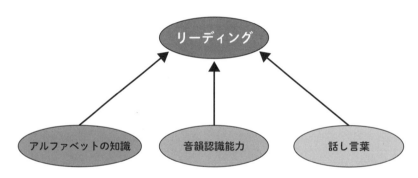

図5-1　リーディングに影響する要因

0～5歳が身につけるべき能力とは？

アメリカの教育省の一組織にあたり、アメリカ全土の児童および生徒の学業の伸びを測定している全米統一教育発達テスト(The National Assessment of Educational Progress)の調査によると、全米では小学校4年生段階で基本的な読み書きができず、授業についていけない児童が全体の37%、さらにマイノリティーではその数が伸びるそうです。適切なリタラシーを獲得させることはアメリカでも喫緊の教育課題です。

アメリカでは2002年，全米リタラシー協会(National Institute for Literacy, 以下NIFL)が中心となり，0歳から5歳の子どもに対してどのようなリタラシー教育が必要なのかについて研究しました。NIFLは九人の専門家からなる初期リタラシーに関する全米調査委員会(National Early Literacy Panel, 以下NELP)と呼ばれる研究チームを立ち上げ，家庭や幼稚園・保育所での子どもたちのリタラシーの発達についての研究をまとめました(NELP, 2008)。

　NELPは，調査結果として0〜5歳児が身につけるべき力を下記のように報告しました。これらの能力はのち(小学校中学年以上)のリタラシーにも影響する力であり，子どもたちの経済的・社会的背景や知能指数を除いても，直接的にリタラシーの発達に影響する力とされています。

① alphabet knowledge
　→アルファベットの字形，名前，音がわかる力
② phonological awareness
　→音韻認識能力
③ rapid automatic naming of letters or digits
　→提示される文字や数字を続けて速く言える力(例：数字の2を見て「two」)
④ rapid automatic naming objects or colors
　→提示されるものの名前や色を続けて速く言える力(例：車の絵を見て「car」)
⑤ writing or writing name
　→アルファベットを聞いてその言われた文字が書けたり，自分の名前を書ける力
⑥ phonological memory
　→短い間，言われたことを覚えることができる力

　なお，話し言葉に関しては，「話し言葉の中にはのちのリタラシーの発達

に影響すると見られるものもあれば，ほとんど影響しないものもある」(NELP, p. 78)と報告されています。つまり，単語を見てその名前を言う(例：馬の絵を見てhorseと言う)程度の話し言葉の能力は，のちのリタラシーにはほとんど影響しない一方で，文法や統語[1]の力を伴う発話や，単語を口頭で説明するような力，リスニング力は，のちのリタラシー能力に明らかに影響するということです。

「読解」に欠かせない力としての話し言葉の発達

しかし，このNELPの報告に対し，「たくさんの研究をていねいにまとめている」と賞賛しつつも，「話し言葉が過少評価されている」と異議を唱える研究者もいます(Dickinson, Golinkoff and Hirsh-Pasek, 2010)。彼らは話し言葉の発達には時間がかかり，その影響はNELPの報告が対象としている0歳から5歳ではなく，小学校3年生以上の児童のリーディング能力に色濃く影響していると主張しています。このような言語力の発達は，文字やその読み方を習得するという短期的に習得できるスキルとは異なり，長期間にわたってゆっくり発達していくため，短期的に効果を測定する研究方法では検証することが難しいとも指摘しています。

NELPの委員でもあるシャナハンとロニガンは，NELPの報告後に発表された研究をまとめて，話し言葉とリタラシーの発達について，改めて次のようにまとめています。

Put simply, readers must translate print to language and then, much in as listening, they must interpret the meaning of that language. Numerous studies support this approach by showing that word reading and language comprehension are relatively independent skills, but that each contributes significantly to reading comprehension. （中略） Children's oral language skills serve as the foundation for both aspects of reading ability — word

---

1 統語とは「単語をつなげて句・節・文を作る際の語の配列・関係」(広辞苑, 2008)。

reading and language comprehension.
(簡単に言えば，読み手は書き文字を話し言葉にしなければいけない。それからリスニングのように，話し言葉の意味を解釈しなければいけない。多数の研究が，単語読み〈word reading：単語が音読でき，またその意味がわかる力〉と言語を理解・解釈する力〈language comprehension〉は相対的に独立したスキルであるが，それぞれ「読解」に欠かせない力であることを示している。〜中略〜〈子どもたちの音声〉言語はリーディング能力の二つの力，つまり単語読みと文章を解釈する力の基礎的な力である）（Shanahan & Lonigan, 2012）

　以上のように多くの研究者が，話し言葉がリタラシーの土台になると考えています。彼らは，子どもたちのリタラシーの発達やそれに基づく学業の成功を左右するのは，就学前に獲得している話し言葉だと考えています。子どもたちは両親や兄弟姉妹，また親戚らとの会話を通して，また幼稚園での先生や仲間との活動，会話を通して，話し言葉に関して次のような力を獲得すると考えられています（Roskos, Tabors, & Lenhart, 2009）。

① 　意味（semantics）
　　言葉の意味を理解し，使えるようになる。
② 　統語（syntax）
　　言葉がどのようにつながっているのかを理解し，使えるようになる。
③ 　形態素（morphology）
　　意味の最小単位がどのように使われているのかを理解し，使えるようになる。
④ 　音韻（phonology）
　　単語の音を理解し，使えるようになる。
⑤ 　言葉の使い方（pragmatics）
　　場にふさわしい言葉の使い方を理解し，適切な会話のやり取りができるようになる。

話し言葉の影響力

　読むという活動は，書かれている単語を音に変換して理解するだけではなく，文の内容を自分の知識や世界観と照らし合わせて，意味を解釈・理解することです。つまり書かれた文字を解読し，意味を再構築していくわけです。

　書き言葉を獲得していない子どもたちは，話し言葉によって単語や文構造の理解を深め，それによって認知力を高め，表現されている状況や出来事を理解しています。ですから，話し言葉を理解して使う力が，のちの読む力を予測することは当然のことかもしれません。

　わかりやすくするために，日本語を例にして考えてみましょう。文を読むためには，子どもたちは平仮名を覚えなくてはいけません。すでに獲得した話し言葉を，今度は文字に変換していくわけです。日本語の場合は一つのモーラに一つの文字が対応しているので，「あいうえお」のようにそれぞれの音に対して一つの文字をあてて覚えていきます。音を中心に文字を覚え，文字と音との関係を理解していきます。

　また，幼児はすでにある程度の音韻認識能力を身につけています。例えば，「やかん」は三つのモーラでできている単語で，最初のモーラを「じ」に替えると「じかん」，「み」に替えると「みかん」と，まったく異なる単語になることを理解しています。この力により，子どもたちは音と文字との関係をより深く理解し，音読ができる力をつけていきます。このような音韻認識能力の獲得に話し言葉が直接，大きく影響していることは想像しやすいと思います。

　さらに，子どもたちは成長するにつれ，認知する力を発達させながら，話し言葉を通して世の中を理解するのに必要な知識(world knowledge)，または外界を認識する知識の枠組み(スキーマ)を獲得します。リーディングで必要な意味を推論していく力や，自分の想像や解釈が正しいのかをモニターする力にも，話し言葉の発達が大きく影響しています。

話し言葉と第二言語のリーディング能力

　第一言語習得において，話し言葉がリタラシーの発達に関係があることは

わかりましたが，第二言語におけるリーディング能力の発達と話し言葉との関係はどのように理解すればよいのでしょうか。

　子どもに限らず，第二言語学習者がリタラシーを獲得するときの大きな壁は，書き言葉の土台となる話し言葉が十分に発達していないことでしょう。つまり，私たちは英語の話し言葉が十分に発達していない状態で，英語の読み書き能力を獲得しなければなりません。もしも母語話者同様に，十分な話し言葉の獲得を前提としたリタラシー指導をするなら，導入前に莫大な時間をかける必要があり，現実的には公教育では実現不可能と言えるでしょう。

　では時間的な制約のため，リタラシー指導の前に話し言葉を育てることができないにしても，効果的に話し言葉を身につける方法はないのでしょうか。また，リタラシー指導にも効果的な話し言葉には特徴があるのでしょうか。

言語理解につながる話し言葉

　前述したシャナハムによると，リーディングには単語読み(word reading)の力と言語を理解・解釈する力(language comprehension)が必要になります。単語読みとは，書かれている単語を音声化でき，それを理解できる力です。これにはアルファベットの知識と音韻認識能力が必要で，その指導法についてはすでに述べました。ここでは，言語理解につながる話し言葉をどのように育てるべきかについて焦点をあてたいと思います。

　言語理解には，世界知識・常識的知識(world knowledge)が大きな影響を与えますが，第二言語学習者は，それを第一言語を習得する過程ですでに獲得していると言えます。ここに第二言語学習者の利点があります。つまり，話し言葉を通して獲得していく世界知識やスキーマはすでに第一言語で習得しているので，それを転用することができるのです。

子どもたちが興味を持つのは意味の世界

　母語習得において子どもたちは，仲間や周りの大人たちとの自然なやり取りの中で，世界知識・常識的な知識を意味のある文脈を通して身につけていくと考えられます。「ことばはそれが使用される文脈に埋め込まれ，生活経

験と結びついてはじめて生きたことばとして使いこなせる」(内田，1999：p. 64)と言われているように，文脈のないところ，意味のやり取りがないところでは，言語スキルを身につけることはできないでしょう。

　子どもたちが興味を抱くのは意味(meaning)の世界であり，形式(form)の世界ではありません。しかし，日本語に囲まれた日本という国においては，英語で自然なやり取りをするという状況はほとんどありません。ですから言語習得という観点からすると，多少不自然な環境であっても，教室において子どもたちがなるべく自然に，意味のある文脈の中で英語に触れることができるように工夫する必要が出てきます。

歌とチャンツ，そして物語

　しかし，ある程度の言語量を与えなければ，全体的な文脈を提示することができないことも事実です。1文レベルや単語レベル，簡単なダイアローグのやり取りでは，子どもはどのような文脈のもとで言語が使用されているのか想像できず，必然的な言葉のやり取りを学習することも難しいでしょう。

　言語習得に意味のある文脈が不可欠であるという主張は，ホール・ランゲージ・アプローチ[3]が目指すところと同じです。ホール・ランゲージ・アプローチでは，原則として「意味は部分には存在せず，全体の中にある」と考えられています。文脈の中で言葉を育て，言葉で文脈を作っていく，そんな学習方法が必要になってくるのです。意味のある言葉のやり取りを聞いて初めて，子どもたちは言葉の意味を理解し，自分でも言葉を発することができるようになるのです。

　本章では以上のような理論を基に，意味のある文脈のもとでの話し言葉の指導として，①歌やチャンツを使った活動と，②物語を使った活動を紹介します。どちらの活動でも文脈の中で話し言葉が提示され，児童は多量の英語を聞く機会を得ます。

3　ホール・ランゲージは，リタラシーではトップダウン・アプローチとして取り扱われるが，それにとどまらない教育哲学である。

歌やチャンツを使った指導法

　意味のある文脈を与えるという観点から見て，歌やチャンツは優れた教材です。歌と言えば，幼稚園や小学校でよく使われている英語圏の伝承童謡である「マザーグース」がよく知られています。昔から使われている歌やチャンツには，次のような利点があります(アレン玉井，2010)。

(1)　多くの歌やチャンツは，短くても物語やテーマがあり，文脈を作りやすい。最もよく知られている「きらきら星」は，「美しい星は一体何なのだろう」と歌うところから，その星が旅人を導いていると続く。手遊び歌としても知られる「小さなクモさん(Incy, wincy, spider)」は，小さなクモが雨どいを上っていると雨が降ってきて元に戻されるが，太陽が出て乾いたのでまた上り始める，という内容で，「一歩下がって二歩進む」という忍耐心を思わせる歌である。

(2)　脚韻やたくさんの繰り返しがあるので，英語独特の音やリズムを学習しやすい。2章でオンセット・ライムについて説明し，音韻認識能力がのちに発達するリーディング力を支えると報告した研究を紹介したが，マザーグースや伝統的な歌やチャンツにも，たくさんの脚韻が含まれている。日本人児童にとっても，メロディーやリズムがあり学習しやすいだけでなく，自然に脚韻に触れることができる優れた教材である。

(3)　英語圏の昔の人々の生活，文化について歌を通して自然に教えることができる。例えば，ハンプティ・ダンプティ(Humpty Dumpty)は，イギリスだけではなく世界中で親しまれている擬人化された卵である。「なぞなぞ歌」とされてるが，「鏡の国のアリス」に出てくるそれについて話すだけでも，子どもたちはイギリスの文化を感じることができる。

　のちに具体的な活動で示すように，それぞれの歌やチャンツに含まれている物語性を活かして，授業導入時などに物語として内容を提示することができます。また内容重視アプローチ(content-based approach)にしたがい，歌やチャンツに含まれているテーマを学習することもできるのです。

物語を使った指導法

　言語の獲得に文脈が重要であることを認識すると，子どもに物語を話してあげること，つまりストーリーテリング (storytelling) がいかに言語習得に役立つかが想像できると思います。物語が作り上げる文脈の中で，児童は知らない単語の意味を想像し，語彙や統語，そして実際に使用する力を養っていきます。また物語や昔話は，想像力や情緒の発達，豊かな人間関係の構築にも大きく貢献します。

　子どもたちは信頼する大人が話す物語を聞きながら，言葉による人と人とのコミュニケーションの素晴らしさを体得していきます。そして多くの研究者も母語習得において，ストーリーテリングが子どもたちの話し言葉の発達を促し，のちのリタラシーの発達によい影響を与えると主張しています (Isabell, 2001, Isbell, Sobol, Lindauer, & Lowrance, 2004, Miller & Pennycuff, 2008 など)。

　しかし残念ですが，最近の子どもたちはあまり物語を読んでもらっていないようです。筑波大学大学院教授の徳田氏のグループの研究から，現在の子どもたちの物語に関する知識はとても乏しいことがわかっています。徳田氏は平成2年から，10年ごとに子どもと昔話・童話の関係を調査しており，その調査結果によると，例えば「桃太郎が鬼退治のときに腰につけていたものは何か」という問いに対し，90％の年長児が「きびだんご」と正解していた平成2年と比べ，平成22年の年長児の正解率は51％しかなかったそうです。「浦島太郎は誰の背中に乗って竜宮城へ行ったか」という問いに対しても，きちんと「カメ」と正解できた3歳児は62％から30％に低下したそうです (2010年4月24日，産経新聞)。どうやら親から絵本を読んでもらったり，話してもらったりする経験が少なくなっているようなのです。

　私は，物語や昔話は第二言語教育においても大きな意義を持っていると考えています。子どもたちが英語というあまり慣れ親しみのない言語に対して関心や愛着を持つためには，単語や一文といった小さな言葉の切れ端に接するだけでは足りません。意味のある文脈の中でたくさんの言葉にたっぷり浸る経験をすることが非常に大切です。物語や昔話は，そのような言葉を育て

るために必要な豊かな文脈を子どもたちに与えてくれるのです。

　それでは，物語を中心にどのように授業を展開させるのかについて，具体的に述べていきたいと思います。このあと提案する物語を中心にしたカリキュラムは，図5−2のように四つの部分から成り立っています。それぞれを番号に沿って少し詳しく説明していきましょう（アレン玉井 2010, 2011, 2013a, 2013b, 2014, Allen-Tamai 2018）。

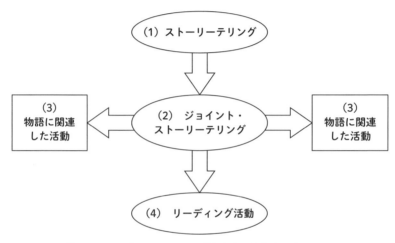

図5−2　ストーリーテリングを中心にしたカリキュラム

(1) ストーリーテリング

　ストーリーテリングとは，下記の二つの協会が定義しているように基本的には「素話」的な活動で，語り手が自分の声とジェスチャーなどを使い，目の前にいる聞き手の想像力を刺激するように語るという話芸(art)です。

【アメリカストーリーテリング協会の定義】
Storytelling is the art of using language, vocalization, and/or physical movement and gesture to reveal the elements and images of a story to a specific, live audience.

（ストーリーテリングは言葉，声，そして〈もしくは〉動作やジャスチャーを使い，特定の目の前の聴衆に向けてお話の要素やイメージを伝える芸術である）

【全国ストーリーテリングネットワークの定義】
Storytelling is the interactive art of using words and actions to reveal the elements and images of a story while encouraging the listener's imagination.
（ストーリーテリングは，聴衆の想像力を刺激しながら，言葉や動作を使い，話の要素やイメージを伝える相互的な芸術である）

　初期の外国語学習において，多くの学習者は大量の外国語を聞くと「わからない」と感じ，「もう聞きたくない」と思うでしょう。しかし，話されている内容がわかったら，聞き続けることができたという経験はないでしょうか。例えば『うさぎとかめ』のお話は内容を知っているので，英語で聞いてもさほど不安には思いません。さらに絵などの視覚的な情報を補えば，わかるところをつなぎ合わせて理解しようと努力し，最後まで聞き続けることができるでしょう。また，お話の特徴である繰り返しの多さが，彼らの理解を助けます。簡単な言葉や表現を繰り返し聞くことで，子どもたちは意味を推測することができ，自然におおまかに内容を理解していきます。
　つまり，ストーリーテリングの活動を通し，学習者は第二言語習得で最も大切な「理解可能なインプット（comprehensible input）」を得ることができるのです（Krashen, 1977）。第二言語習得にとって最も重要なことは，「学習者にとって少し難しくても理解できるインプットを与えることだ」と言われています。子どもたちが既に知っているストーリーは，その背景知識によって英語のインプットを理解可能なものにするのです。
　もちろん英語の量や質を調整する必要がありますが，ストーリーテリングによって子どもたちは，多量の英語に接する経験を積んでいきます。このような経験が，今すぐわからないことや曖昧なことに耐える力（tolerance of ambiguity）を養い，話し言葉の土台を作り上げていきます。
　外国語学習は，わからないこと，中途半端にしか理解できないことだらけ

です。そのため学習者は不安を抱え，不安が大きくなると学習を断念してしまいます。外国語学習には，わからないことを受け入れ，耐えていく力が必要です。英語を使える学習者として成長していくためには，多量の理解可能なインプットを得て，曖昧性に耐える力を育成することが必要になりますが，ストーリーテリングはその観点からも優れた活動と言えます。

(2)ジョイント・ストーリーテリング

　ストーリーテリングによって外国語で聞いてわかったつもりでも，話すとなると別問題で，実際にはなかなかできるようにはなりません。そこで，子どもたちが英語を産出できるようにと私が考案したのが「ジョイント・ストーリーテリング(Joint Storytelling)」です。子どもたちがお話を暗誦(recite)できるように少しずつ指導していくのが特徴です。英語圏ではお話を聞いたあとに行うリテリングが話し言葉およびリタラシー能力の発達を促す効果的な手段であることを多くの研究者が指摘しています(Gambrell, Pfeiffer, & Wilson, 1985, Gambrell, Koskinen, & Kapinus, 1991, Morrow, 1985)。

　具体的には，授業では児童が発話できるぐらいの難易度のレベルに書き直したシナリオを準備し，毎回の授業で少しずつ(10分以内)練習を重ね，最終的にリサイトさせます。「先生や仲間とともに」という意味を加え，私はこの活動をジョイント・ストーリーテリングと名づけました。

　スピーキングでは，音を聞いたうえで音を産出しながら学んでいくことが大切です。いくら頭でわかっても音を出さない限り，自分の英語とモデルの英語との違いはわかりません。子どもたちには聞くだけではなく話すこと，つまりインプットだけではなくアウトプットまでを要求します。

　英語力が未熟な児童を対象とするため，物語を語っているわけではありません。英語の意味(semantics)，統語(syntax)，形態素(morphology)，音韻(phonology)，言葉の使い方(pragmatics)を十分に理解していない彼らは，自ら創造的に英語で話すことはまだできないからです。彼らにとっての英語の「話し言葉」は，基本的には繰り返し(repeat)か記憶したものの暗唱(recite)になります。この活動もお話を聞いたあとにそれを自分の言葉とし

て語る再話(retelling)活動ではなく，記憶した英語を産出する暗唱活動となります。しかし母語学習の過程を見ていても，このように音を真似て産出する過程は，言語獲得にはなくてはならないプロセスと言えます。

　アウトプット仮説(Swain, 1985)が提唱するように，子どもたちは英語を発話する活動を通して，「理解していたと思っていた程度の知識」を「はっきりと意識した知識」へと変容させていきます。同時に，自分の発している英語とモデルの英語とを比較し，自分の英語を調整していくのです。自分の英語に「気づく」ことは自律した学習者には不可欠の能力です。単純な繰り返しに見える活動ですが，子どもたちはモデルの英語と自分の英語を聞き比べながら，英語の音を理解し，練習しながら話し言葉の土台を作りあげています。さらに言うならば，「話さなければ話せない」ことも事実です。「話すことでしか話すことは学べない」という考え方がこの活動を支える原則なのです。

　オーディオリンガル・アプローチ(audio-lingual approach)[1]が衰退して以来，口頭による反復練習が避けられる傾向にありますが，言語習得にはやはり「繰り返し」は重要だと思います。意味のない言葉をただ繰り返す，機械的な反復は言語習得にはあまり効果はないかもしれませんが，学習しているのが物語なら児童は自然と登場人物の気持ちを考えながら，暗唱していくようになります。機械的な反復とはまったく異なり，感情を豊かに表しながら，話し言葉を身につけていくのです。

　また，適切なジェスチャーをつけて言葉を提示することも大切です。子どもたちが言葉を獲得する際，マザーリーズ(もしくは child-directed speech)と呼ばれる子どもに対する独特の話し方が，重要な役割を果たすと言われています(Snow, 1977, Snow, 1991)。大人たちは通常，難しい語彙や文法を使わず，繰り返しが多く，割と高めのピッチでゆっくり，はっきりと感情をこめて話します。このような言葉が子どもたちの言葉を育てる栄養源となり，

---

[1] 行動心理学に基づき，第二言語習得は新しい習慣形成だと考える。インプットを正しく，何度も繰り返しアウトプットすることで新しい言葉が身につくと考え，模倣学習が中心になる。

子どもたちは話されている対象に興味を示し，理解を深めると言われているのです。同様のことが動作でも行われ，大人は乳児・幼児に向けて自然に大げさなジェスチャーであるモーショニーズ(motionese)を使って話しかけています(Brand, Baldwin, & Ashburn, 2002)。

乳児は大げさな動作や繰り返される動作に注目していることが報告されていますが(Koterba & Iverson, 2009)，第二言語習得においても動作を伴ったほうが学習には効果的であるようです(Kelly, McDevitt, & Esch, 2009；アレン玉井・松永 2018)。ジョイント・ストーリーテリングでは，導入する英語表現に合わせて意味のある動作をつけるところに大きな特徴があります。

次は直接，話し言葉を発達させる活動ではありませんが，ストーリーを中心にしたカリキュラムの他の活動である，物語に関連した活動とリーディング活動について簡単に説明しておきます。

(3) ストーリーに関連した活動

ストーリーに関連するテーマを選んで展開していく活動です。例えば「赤頭巾」のお話から「狼」について学習をします。狼がどこに住み，どのようなものを食べ，どのように暮らしているのかを英語で学習します。

これは内容重視アプローチ(content-based approach)，活動重視アプローチ(activity-based approach)，または内容言語統合型学習(content language integrated learning)に共通する理念である「(外国語を身につけたいのであれば)外国語を学習するのではなく，その外国語で学習するべきである」という考えに呼応するものです(Snow, 2001; Vale & Feunteun, 1995; Coyle, Hood & Marsh, 2010)。

(4) リーディング活動

リーディング活動はホール・ランゲージ的な指導で，言語を「部分」からではなく，「全体」を「丸ごと」理解していきます(Freeman & Freeman, 1992)。ここでは，子どもたちが持っている物語に対する知識と，ジョイント・ストーリーテリングで獲得した話し言葉を土台に「意味を構築」してい

きます。これは1文レベルの言語材料ではできない，大変ダイナミックな知的作業です。なお，この練習をして，十分に英語を暗唱できるまではスクリプトを与えません。すでにせりふを空で言えるぐらい慣れ親しんでいることが条件になります。実際，子どもたちは自分が発話している英語を目で確認していますが，その際，単語のレベルを超えて，ディスコースレベルで英語を「読む」という体験をします。

ここがポイント！

- ☑ リーディングの発達には話し言葉が深く関わっている。
- ☑ リーディングに必要な力は単語読み(word reading)と言語を理解・解釈する力(language comprehension)である。
- ☑ 単語を読み理解する力(word reading)に関して必要な話し言葉の能力は，アルファベットの理解と音韻認識能力である。
- ☑ 言語理解(language comprehension)に関して必要な話し言葉の能力は言葉の意味，統語，形態素，音韻がわかり，言葉が実際どのように使われるのかを知る力である。
- ☑ 母語習得で子どもたちは，大人たちとの自然なやり取り，また意味のある文脈から話し言葉を身につけていく。
- ☑ 第二言語学習者は，十分な話し言葉がないうちにリタラシー学習を始めることになる。
- ☑ 日本人児童の話し言葉を育てるため，①歌やチャンツを使った活動と②ストーリーテリングを中心にした活動が紹介されている。
- ☑ 伝統的な歌やチャンツには話し言葉だけではなく，リーディング能力を高める要素が含まれている。
- ☑ ストーリーテリングを中心にしたカリキュラムには，リスニング能力を伸ばす「ストーリーテリング」，英語を話す力を伸ばす「ジョイント・ストーリーテリング」がある。

歌を使った活動をしよう(1) ～概説～

目安時間：各5～7分程度

【ミニカリキュラム】

	活動内容	必要な教材
活動1	物語風に歌を説明した後に歌詞をメロディーなしで紹介し，繰り返させる。歌詞を言う際に動作をつけてもよい。	場面を表す絵
活動2	絵を見せながら歌詞を一度繰り返させたあとに，動作を説明し，メロディーをつけて歌を歌う。発音やイントネーションなどを指導する。	
活動3	他のバージョンを楽しんだり，独自のバスの歌を作る。	

The Wheels on the Bus

【歌詞1】　　　　　　　　　　　　　【日本語訳】

① The wheels on the bus go　　　　バスの車輪が

② Round and round, (×3)　　　　　グルグル回るよ

③ The wheels on the bus go　　　　バスの車輪が

④ Round and round,　　　　　　　グルグル回るよ

⑤ All around the town.　　　　　　町中で

＊動作　①③両手を曲げて体の横につけて，車輪を表現する，②④両手を円形に動かし，車輪が回っていることを表現する，⑤両手を開いて体の前面で手で円を描く。

【歌詞2】

① The wipers on the bus go　　　　バスのワイパーが

② Swish, swish, swish, (×3)　　　　シュッ，シュッ，シュッ

③ The wipers on the bus go　　　　バスのワイパーが

④ Swish, swish, swish,　　　　　　シュッ，シュッ，シュッ

⑤ All around the town.　　　　　　町中で

＊動作　①③両手の人差し指を出して，ワイパーを表現する，②④両手の人差し指を左右に動かしてワイパーが動いていることを表現する，⑤両手を開いて体の前面で手で円を描く。

以降は，①〜④を以下に変更して続ける。

【歌詞 3】The horn on the bus goes　　　バスの警笛が鳴るよ
　　　　　beep, beep, beep,　　　　　　ビー，ビー，ビー
【歌詞 4】The baby on the bus goes　　　バスに乗っていた赤ちゃんが
　　　　　wah, wah, wah　　　　　　　　ワー，ワー，ワー
【歌詞 5】The mommy on the bus goes　　バスに乗っているお母さんが
　　　　　shh, shh, shh,　　　　　　　シーッ，シーッ，シーッ

＊動作　3. は警笛を鳴らす動作，4. は泣く動作，5. は口に手をあてる動作。

【歌詞 1】

【歌詞 2】

【歌詞 3】

【歌詞 4】

【歌詞 5】

活動 1　物語を通して歌詞を学ぼう(1)

目安時間：5～7分

目的	(1)ディスコースレベルの音声言語を聞いて，理解しようとする態度を養う。 (2)歌の内容を理解して，歌詞を相手が理解できる程度に発音する。
教材	歌詞に関連した単語カード，歌詞に関連した絵(p.134参照)

活動の進め方

①歌に出てくる単語カードを絵を見せ，下のように物語的に内容を説明する。
②市販の絵本やビッグブックを使用することもできる。
③児童が言葉を正しく聞き発音できるように，最初はメロディーをつけない。
④歌詞に関連した絵を見せながら，英語を繰り返すように指示する。

【歌に合わせた物語例】

A bus is running through a town. The wheels on the bus go round and round. Round and round. Oh, it's raining now! The driver starts the wipers. The wipers on the bus go swish, swish, swish. Swish, swish, swish. Good. It stops raining. Watch out! There is a dog. The dog is crossing the street, so the driver beeps the horn at the dog. The horn on the bus goes beep, beep, beep. Beep, beep, beep. Oh, that big sound wakes up a baby and she starts to cry. The baby on the bus goes wah, wah, wah. Wah, wah, wah. Her mother tries to calm her and soothe her. The mommy on the bus goes shh, shh, shh. Shh, shh, shh. Now the baby stops crying.

(バスが町の中を走っています。バスの車輪がグルグル回るよ。グル，グル。あっ，雨が降り始めたよ！　運転手さんがワイパーを動かします。バスのワイパーがシュッ，シュッ，シュッ，〈繰り返す〉。良かった。雨がやんだね。気をつけて！　犬がいて，道路を渡っているよ，だから，運転手さんが犬に向かって警笛を鳴らすよ，ビー，ビー，ビー，〈繰り返す〉。ああ，大きな音だったので赤ちゃんが起きて泣き出しちゃった。バスの赤ちゃんがワー，ワー，ワー，〈繰り返す〉。お母さんが赤ちゃんをあやしているね。お母さんがシーッ，シーッ，シーッ，〈繰り返す〉。やっと赤ちゃんが泣きやんだ)

| 活動 2 | 動作をつけて歌おう(1) | 目安時間：5~7分 |

目的	(1)ディスコースレベルの音声言語を聞いて，理解する。 (2)相手が理解できる程度(intelligible)に発音する力を養う。
教材	歌のメロディー，歌詞に関連した絵(p.134参照)

活動の進め方

①活動1と同様に歌詞に関連した絵を見せながらメロディーなしで歌詞を言い，児童はそれを繰り返す。この歌は繰り返しが多いので，活動1の替わるところだけを練習するなどの工夫をする。

②歌詞に関連した動作を教える。動作とともに歌詞を繰り返す。

③次に先生がメロディーをつけて動作とともに歌い，児童はそれを繰り返す。2回目からは一緒に歌うように促す。

④児童が覚えるまで歌の練習を重ねるが，メロディーをつけたり，つけなかったりすることで，発音やイントネーションなどにも注意を払って指導する。

■ 活動の留意点 ■

①児童の反応を見ながら，メロディーをつけて歌ったり，歌詞だけを言ったりと適宜活動を変える。また，言葉をできるだけ正しく聞き，強弱のアクセントに気をつけ，リズムを意識して英語を言うように指導する。

②繰り返しの回数や1回に繰り返す量については，児童の反応を見ながら適宜決める。

③歌に動作をつけることで児童はよく記憶して早く思い出すことができ，さらに長く覚えていることができる。また体を動かすことでリズムが取りやすくなる。

活動3	独自のバスの歌を作ろう

目安時間：5〜7分

目的	(1)ディスコースレベルの英語を聞いたり話したりすることで，言語力を全体的に養う。 (2)相手が理解できる程度に発音する力を養う。 (3)日本語とは異なる擬態音を楽しむ。 (4)バスの中で起こることを考え，英語で表現する。
教材	歌のメロディー

活動の進め方

① "The Wheels on the Bus" を動作をつけて，歌を歌う。
② p. 133 の歌詞を「バス物語パート1」に替えて歌う。
③ p. 133 の歌詞を「バス物語パート2」に替えて歌う。
④ 時間があれば，独自のバス物語を作る。

【バス物語パート1（バスの装置編）】

- The blinkers on the bus go blink, blink, blink,
- The lights on the bus go on and off,
- The doors on the bus go open and shut,
- The cards on the bus go bleep, bleep, bleep,
- The straps on the bus go right and left,

- バスの方向指示器が，カチ，カチ，カチ
- バスのライトが，ついたり，消えたり
- バスのドアが開いたり，閉まったり
- バスの交通カードがビー，ビー，ビー
- バスのつり革が右に，左に

【バス物語パート2】

- The driver on the bus says, "Move on back,"

- バスの運転さんが言ってるよ，「後ろに下がってください」

5章●話し言葉とリタラシー

- The driver on the bus says, "Please sit down,"
- The children on the bus go chat, chat, chat,
- The girl on the bus says, "See you later,"
- The boy on the bus says, "Good morning,"
- The daddy on the bus says, "Push the button,"

・バスの運転さんが言ってるよ、「お座りください」
・バスに乗っている子どもたちがペチャクチャ
・バスに乗っている女の子が言ってるよ、「またあとで」
・バスに乗っている男の子が言ってるよ、「おはよう」
・バスに乗っているお父さんが言ってるよ、「ボタンを押してね」

次の例は私の授業で児童が実際に作ったものである。それぞれ会話形式になっている。1・2番目はバスの中で携帯で話している男の人に男の子が注意している設定、3・4番目は急ブレーキのため隣の人の足を踏んだ女の人と足を踏まれたおじさんという設定である。

1　A phone on the bus goes buzz, buzz, buzz,
2　A boy on the bus says, "Stop it please."

・バスで電話がなってるよ、ブー、ブー、ブー
・バスに乗っていた男の子が言っているよ、「やめてください」

3　A lady on the bus says, "Excuse me,"
4　An ojisan (or A man) on the bus says, "It's OK,"

・バスに乗っていた女性が言っているよ、「どうもすみません」
・バスに乗っていたおじさんが言っているよ、「大丈夫です」

歌を使った活動をしよう(2) ～概説～

目安時間：各5～7分

【ミニカリキュラム】

	活動内容	必要な教材
活動4	物語風に歌詞をメロディーなしで紹介し，繰り返させる。次に動作とともに歌詞を繰り返させる。	場面を表す絵
活動5	メロディーをつけた歌を導入する。ストレス，イントネーションなどに気をつけて歌うように指導する。	
活動6	淡水魚と海水魚について学び，他の魚のバージョンを作る。	ワークシート

One, Two, Three, Four, Five, Once I Caught a Fish Alive

【歌詞】

① One, two, three, four, five,
② Once I caught a fish alive,
③ Six, seven, eight, nine, ten
④ Then I let him go again.
⑤ Why did you let it go?
⑥ 'Cause it bit my finger so.
⑦ Which finger did it bite?
⑧ This little finger on my right.

【日本語訳】

イチ，ニー，サン，シー，ゴー
昔，魚を釣り上げた
ロク，シチ，ハチ，キュウ，ジュウ
そしてその魚を戻したんだ
どうして戻したの？
だって僕の指を噛んだから
どの指を噛んだの？
右手のこの小指だよ

＊動作　①左手の指を一本ずつ立てて，指で数を表す，②釣り竿で魚を釣る動作，③左手の五本指は広げたまま，右指を一本ずつ立てて数を表す，④魚を水に戻す動作，⑤両肩を上げて，「どうして？」という動作，⑥右手で左手を「噛む」動作，⑦右手の人差し指で「どの指」というふうに指す動作，⑧右手の小指を高く上げる動作。

②の絵

⑥の絵

④の絵

　ちなみに参考までに，紹介している Once, Two, Three, Four, Five, Once I Caught a Fish Alive 以外にも，マザーグースの中に次のような有名な数え歌もあります。

One, two, buckle my shoe,	イチ，ニー，靴の締め金を留めて，
Three, four, shut the door,	サン，シー，ドアを閉めて，
Five, six, pick up sticks,	ゴー，ロク，枝を拾って，
Seven, eight, lay them straight,	シチ，ハチ，それをまっすぐ並べて置いて
Eight, seven, six, five,	ハチ，シチ，ロク，ゴー，
four, three, two, one,	シー，サン，ニー，イチ
ALL DONE!	すべて終わり

活動 4　物語を通して歌詞を学ぼう(2)

目安時間：5分

目的	(1)ディスコースレベルの音声言語を聞いて，理解しようとする態度を養う。 (2)歌の内容を理解し，歌詞を発音する。 (3)相手が理解できる程度(intelligible)に発音する力を養う。
教材	歌詞に関連した絵(p.140参照)

活動の進め方

①ボートで釣りをしている男の子の絵などを見せて，歌が表す文脈が想像できるようにする。少年(boy)，ボート(boat)，魚(fish)，釣り(fishing)，噛む(bite)，finger(指)などの単語をあらかじめ教えてもよい。
②下のようなストーリーとともに歌詞を説明する。
③メロディーをつけないで歌詞を言い，復唱させる。動作をつけてモデルを示す。
④動作を真似させながら復唱させる。

【物語性を持って歌を導入する例】

Once a boy went fishing. He got on a boat and put a line into the water. Soon after, he felt a pull and he pulled and pulled. He got a big fish. He was very happy to catch such a big one. He thought about his father and mother and sister. "Everyone will be surprised at it!" He got a net and tried to put the fish into the net. "Ouch!" he said and found that the fish bit his finger badly. He started to cry and decided to let the fish go back to the water. On the way home he met his little sister. She was waiting for him. She came closer and looked inside his empty bucket. She asked him, "Where did you go and what did you do?" "Well, I went to the river and <u>I caught a big fish alive</u>. A big one." "Where is the fish, then?" asked his sister. "In the water. <u>I let it go</u> back to the water." "<u>Why did you let it go</u>?" said the sister. "<u>Because it bit my finger</u>," answered the boy. "<u>Which finger did it bite</u>?" asked the sister. "This

little finger on my right. Look. It hurts!" answered the boy.
(昔，男の子が釣りに出かけました。ボートに乗って釣り糸をたらしました。すぐに引きがあったので，一生懸命引きました。大きな魚を捕らえました。こんなに大物が取れたので男の子は上機嫌でした。彼は父親や母親，妹のことを考えました。「みんな驚くに違いない！」。網を取って魚を入れようとしました。魚が男の子の指を噛んだので，男の子は「痛い！」と言いました。男の子は泣き始め，魚を水の中に戻すことにしました。家に帰る途中，妹に会いました。妹は彼を待っていたのでした。妹は近くによってきて，からっぽのバケツの中を見ました。「どこで何をしていたの？」と聞くので，彼は「あのさ，川に行って大きな生きた魚を取ったんだ。大物の魚さ」。「じゃあ，その魚どこにいるの？」と妹が聞き返しました。「川の中だよ。川に戻したんだ」「どうして戻したの？」と妹が聞きました。「だって，僕の指を噛んだから」と男の子。「どの指を噛まれたの？」と妹。「この右の小指だよ。見て。痛いんだよ！」と男の子は答えました）

■ 活動の留意点 ■
① このように物語風に文脈を伴いながら導入するときは，歌詞の部分（ここでは下線部分）を強調して，大きくゆっくりと言う。
② この例のように歌には出てこない人物（ここでは妹）などを物語に登場させて，児童が歌の内容をより身近で，想像できるものとする。
③ ストーリーテリングをするときは動作をつけ，また言い方に緩急をつけて，児童が興味を持つように話す。

活動5	動作をつけて歌おう(2)

目安時間：5分

目的	(1)歌の内容を理解する。 (2)相手が理解できる程度(intelligible)に発音する力を養う。 (3)アクセントやイントネーションに気をつけて英語が言える。
教材	歌の音声とメロディー，歌詞に関連した絵(p.140参照)

活動の進め方

①歌に関連した絵を見せながら，メロディーなしで歌詞を，動作とともに言う。
②児童は動作をつけて復唱する。
③次にメロディーをつけて歌を指導し，児童は復唱する。
④アクセントやイントネーションなどに気をつけて指導する。

■ 活動の留意点 ■

①歌やチャンツの指導では，アクセント，ストレス，リズム，イントネーションの指導がしやすい利点がある。しかし歌の場合は，最初からメロディーをつけて歌うとその指導がしずらくなるので，歌詞だけを言う活動を行うようにする。
②児童が自信を持って歌ったり，チャンツを言ったりするのには，かなりの回数，実際に口を動かして練習する必要がある。単純な作業にならないように，繰り返させる際は，「○○と○○の発音に気をつけて」とか「動作を大きくすると声も大きくなるよ」などと適切なフィードバックを与え，目的意識を持って練習させることが大切である。
③動作は，歌やチャンツを覚えるのを助ける。さらに動作をつけると，自然と声も大きくなり，リズムを取りやすくなる。このような利点を児童に言い，活動の意義を伝える。

活動6	淡水魚と海水魚について考えよう

目安時間：7分

目的	(1)音声言語を聞いて，言語力を全体的に養う。 (2)英語を理解できる程度(intelligible)に発音する力を養う。 (3)淡水魚および海水魚について考える。
教材	ワークシート

活動の進め方

①動作をつけて，モデルなしで歌えるかどうか確認する。
②次のページのように魚についての活動の説明を行う。その際，七つの魚や川，海などの絵を用意し，英語の説明をわかりやすくする。
③説明のあと，p.146 にあるような魚の絵が描いてあるワークシートを配布する。
④必要であれば数回，質問を繰り返すか，一問を全員で解いてみる。
⑤グループまたはペアで答えさせる。
⑥答え合わせをする。
⑦時間があれば追加の質問をする。

■ 活動の留意点 ■

ここでは，歌に出てくる「魚」をテーマに，魚について英語で考える活動を展開していく。これは内容を重視した指導法(content-based instruction，もしくは content language integrated learning)を応用した活動である。英語力がまだ未熟な児童を対象とした内容重視の活動を行う際には，下記の点に留意する。

・英語を通して内容を理解するためのやり取りをするという観点を大切にして英語のみで活動を行う。
・内容説明に使う英語はなるべく児童が理解できる語彙や表現を多用する。
・英語のみの活動は児童にとって負担になる可能性があるので，5〜8分の

集中した活動にする。
- 背景知識を活性化するために豊富な視覚教材，ワークシートなどを十分に用意する。
- 日本語を使用する場合には注意を払い，効果的に使用する。
- 活動中はなるべくインタラクティブになるように，英語での声かけを豊かに行う。
- 児童どうしの協働作業を中心に行い，児童に対して活動の意義づけを行う。

【活動に関する説明】

　Look at the board.　You see seven kinds of fish.　Listen to me.　"Bonito, carp, catfish, swordfish, trout, tuna, salmon."　Once again.　Repeat after me. "Bonito, carp, catfish, swordfish, trout, tuna, salmon."

　Now please look at your worksheet.　Can you see fish?　Some fish live in fresh water like in a river, a lake, or a pond.　They are called freshwater fish. Some live in salt water, in oceans.　They are called saltwater fish.　Do you know which live in oceans, and which live in rivers?　Please work with your group members and write "F" for the freshwater fish and "S" for the saltwater fish in each parenthesis, below the picture.

（黒板を見てください。7種類の魚が見えますね。聞いてください。「Bonito〈カツオ〉, carp〈コイ〉, catfish〈ナマズ〉, swordfish〈メカジキ〉, trout〈マス〉, tuna〈マグロ〉, salmon〈サケ〉。もう一度。Bonito…〈続ける〉。

　それでは，ワークシートを見てください。魚が見えますか？　川や，湖，池のような淡水にすむ魚がいますが，それらは淡水魚と言います。海，つまり海水にすむ魚もいます。それらは海水魚と言います。海にすむ魚がどれで，川にすむ魚がどれかわかりますか。グループの人と一緒に考えて，淡水魚であれば「F」，海水魚であれば「S」を絵の下のカッコの中に書き入れなさい）

【ワークシートの例】

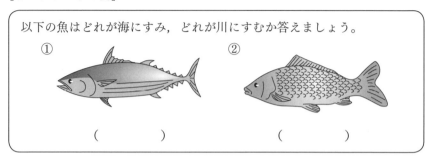

以下の魚はどれが海にすみ，どれが川にすむか答えましょう。
① （　　　）　②（　　　）

＊実際には，7種類の魚の絵を用意する。

　追加として次のような質問を口頭で行い，グループで返答させることもできる。

(1) I can live in the ocean. I can also live in the river. Who am I?（私は海にすむことができます。私は川にもすむことができます。私は誰でしょう？）
(2) I live in the ocean. Japanese people love to eat me as sashimi. Who am I?（私は海にすんでいます。日本人は私を刺身として食べるのを好みます。私は誰でしょう？）
(3) I live in the freshwater. My body is very slimy. I have no scales. Who am I?（私は淡水にすんでいます。私の体はとてもぬるぬるしています。私にはうろこがありません。私は誰でしょう？）

答え：(1) salmon, (2) tuna, (3) catfish

6章

リーディングの学習
（初期段階を終えて）

音と文字との関連を知ることの大切さ

　これまでは主にリーディングの文字と音との関連の学習について述べてきました。本章ではそれらの力を獲得し，文字を見て音を出せる，つまり単語の音読ができる力を得た学習者が，リーディングの次の段階である，文の内容の意味を理解・解釈していく力，つまり文章読解能力をどのように伸ばしていけばよいのかについて考えていきたいと思います。具体的には，(1)単語学習と，その一環としての(2)サイト・ワード・メソッド(sight word method)，(3)リーディングにおける流暢さの習得についてみていきます。

　しかし，2, 3, 4章において説明したように，アルファベットの文字と名前，音の関連がわかる力を得ることが，初期学習者にとって最も重要なことです。次章で述べるライティングでも，聞いた音を文字化する(encoding)力を伸ばすことが大切であることを指摘しています。

　繰り返しになりますが，母語話者もしくは第二言語学習者にかかわらず，初期学習者にとって音と文字との関連を知ることは，リーディングおよびライティング能力を伸ばすために最も重要なことであり，その指導は意識的に，またシステマティック，丁寧に行われるべきであることを確認しておきたいと思います。

単語の種類

　さて，外国語学習について詳しくない人でも，「単語がわかれば，外国語は理解できる」と考えている人は多いと思います。実際はそれほど単純ではないとしても，ほとんどの人が外国語を理解するには単語の理解が大切だと思っているでしょう。リーディングの読解力を伸ばすためにも，単語学習は重要な役割を果たします。そこで，単語を音声化できる力を得た学習者が文章を理解していくために，どのような単語学習が必要なのかを考えていきたいと思います。

　単語の知識といってもいろいろありますが，まずは聞いたり，読んだりしてわかる単語(受信単語：receptive vocabulary)と，言えたり，書いたりできる単語(発信単語：productive vocabulary)に分けることができます。通常は，聞いたり，読んだりする単語のほうが，言えたり，書いたりできる単語より

も多いと言われています(アレン玉井，2010. p. 207)。特に外国語学習においては，その差が大きいように思われます。

　また，話し言葉と書き言葉の区別から考えると，聞いたり，話したりできる単語(oral vocabulary)と，読める単語(reading vocabulary)に分けることができます。次の節で述べるサイト・ワードはサイト語彙とも呼ばれ，読める単語の一部であると考えられています。

意味を理解して単語を増やす

　初期段階の英語学習者のリーディングにおいては，まずは馴染みのない単語を音声化することが求められます。音と文字の関係が理解できていれば音声化はたやすくできますが，さらに音声化した単語を知っているならば，それは文の内容を理解する助けになるでしょう。

　ここに母語話者と外国語学習者の大きな違いがあります。母語話者の場合は，音声を聞くと理解できる，いわゆる音声単語(oral vocabulary)を多く持っていますが，外国語学習者，特に初期学習者にはそれがほとんどありません。これが，学習者がフォニックスの効果を感じることができない一つの要因です。前述したように，pigという単語を音として知っている子どもは，音と文字との関係の知識を使ってpigと音声化できれば意味がわかるので，言葉が読めてうれしいと思うでしょう。でも同じようにfigという単語を音声化できたとしても，「いちじく」という意味を知っていなければ，ただfigというスペルが音声化できただけで，pigを音声化したほどの喜びは感じません。

　つまり，単語を読んで書けるという力は文章の理解にとって重要ですが，その力を伸ばすためには，聞いて言える音声単語をたくさん知っていることが大切です。そのためにも，5章でも述べたように，リーディング能力の発達につながる話し言葉の発達が重要になってくるのです。これは母語話者にも外国語学習者にも，どちらにも当てはまる原則だと言えるでしょう。それでは次に，そのような単語力をどのように伸ばしていけばよいか考えていきましょう。

単語指導の二つの方法

語彙指導については主に二つの方法——意図的学習(intentional learning)と付随的な学習(incidental learning)——があると考えられています(アレン玉井，2010, p. 218-225)。

意図的学習(意識的な教え方)

意図的学習では，教師は意識的な教え方(explicit teaching)をし，学習者も語彙を意識的に学習します。授業を行う前に新出単語を紹介し，読み方や使い方，意味を意識的に教えていくのです。このように事前指導をすることで，学習者は実際に読んでいるときにわからない単語が少なくなります。

この指導法ではまず単語が意味するものと言葉(音声)が結びつくように，絵や写真，ジェスチャーや演技を伴いながら，または日本語を使ってその単語が何であるかを教えます。もちろん，時間的には日本語でその意味を説明するのが簡単で，早いのは事実です。しかし，日本語の訳だけに頼り，「apple」が「りんご」であるというように，ラベルを変えるだけのような単語知識では，将来にわたり実際の場面で言葉を使いきることはできないかもしれません。

母語話者を対象とした語彙活動では，単語の意味が理解できたら，同意語や反意語を学習し，どの語彙と連結して使われるのかなど，語彙どうしの関係も学習していきます。日本人学習者の場合も，聞いて理解でき，話すことができる音声単語を小学校から少しずつ伸ばしていくことが，先に述べたように，リーディング能力の向上に大きな影響を与えます。

この指導法では次に，単語のスペルを学習して，読める単語を獲得していきます。学習者がすでに音と文字との関係を理解していれば，スペルを教えることは意味があり，学習者はその活動を通じてリーディングに対する学習動機を高めるでしょう。反対にその知識がない場合はすべて丸覚えになってしまい，学習者には非常に負担がかかる学習になります。中級以上の学習者であれば，スペルを学習しながら，接頭辞(例：<u>dis</u>appear)，接尾辞(例：expres<u>sion</u>)，語幹(例：<u>useful</u>ness)など形態素レベルで学習することで単語をより深く学習することができます。

英語圏の子どもたちを対象とした効果的な語彙授業では，児童は文脈を通して新しい語彙に出合い，その語彙の定義や同意語，または他の単語との関係が適切に理解できるように指導されます。新しい語彙を教えるときは，次の点が重要だと言われています（Blachowicz & Fisher, 2015, p. 205）。

- Make sure the students see the word and can pronounce it.
（児童が単語を見て，発音できることを確かめる）
- Give or generate a "kid-friendly" definition for the term.
（単語に児童のレベルに合わせた定義を与える）
- Present an oral or written context using visuals or objects when possible to flesh out the context.
（文脈を具体的に見せることができるなら，視覚教材や物を使い，音声，または文字で文脈を提示する）
- Ask students for a semantic response ("Would you invite a burglar into your home? Why or why not?)
（「お家に burglar〈強盗〉を招待しますか？　どうして招待するの，またはしないの？」といったような，単語の意味が理解できなければ答えられないような質問をする）
- Have students use words in speech and writing.
（その単語を使って話したり，書いたりさせる）

　単語は音声および文字で提示したあとに，意味を理解させ，文脈の中で使えるように段階を踏んで指導していきます。前述したように単語学習は日本語の意味を与えるだけという考え方では，最後に書いてあるように，その単語を使って話したり，書いたりすることはできません。全体的に語彙が少ない初期学習者でも，少しずつ文脈を伴い，子どもたちが考えながら単語を学習していけるように工夫することが大切でしょう。
　このような指導法にもとづいた指導例は，この章の終わりに紹介しています。

随意的な学習（暗示的な教え方）

　随意的な学習は，何か他の活動，多くはリスニングやリーディング活動を通して，学習者が単語の意味を推測し，結果的に単語を学んでいく学習方法です。教師は暗示的な教え方（implicit teaching）を用い，意識的な語彙指導はしませんが，語彙を増やす活動や環境を用意します。英語圏の子どもたちを対象とした研究では，本の読み聞かせ（shared storybook reading）をすることで，彼らが付随的に単語の意味を学んだと報告されています（Elley, 1989 など）。読み聞かせについては次のようなことがわかっています（Blachowicz & Fisher, 2015, p. 202）。

- Children can learn the meaning of unknown words through incidental exposure during storybook reading.
（子どもは読み聞かせの間に偶然出合う未知の言葉の意味を学習することができる）
- With traditional storybook readings, in the absence of scaffolding for those with less rich initial vocabularies, the vocabulary differences between children continue to grow over time.
（語彙力が乏しい子どもたちに適切な補助を与えず，昔ながらの方法で読み聞かせをし続けると，子どもたちの語彙力の違いは時間とともに広がっていく）
- Children learn more words when books are read multiple times.
（本が複数回読まれると，子どもはより多くの語彙を学習する）
- Children do not benefit from being talked at or read to, but from being talked with and read with in ways requiring their response and activity.
（子どもに一方的に話したり，読んだりするより，彼らの反応や活動を求めるようなやり方で一緒に話したり，読んだりするほうが効果がある）
- Natural scaffolded reading can result in more learning than highly dramatic "performance" reading by the adult.
（子どもたちは，大人のパフォーマンス的な読み方より，子どもたちのレ

ベルに合わせた自然な読み方のほうからより多くを学ぶ)
・Children learn more words when books are read in small groups.
（少人数での読み聞かせのほうが，子どもたちはより多くの語彙を学ぶ)

　なお，本の読み聞かせ(book reading)と5章で紹介したストーリーテリング(storytelling)は違います。ストーリーテリングは「素話」ですので，書かれているものはなく，あくまでも音声言語で話の内容を楽しみます。しかし読み聞かせはその名のとおり，本に書かれている文を読むので，誰が読んでも，どこで読んでもその内容は変わりません。この活動を通して，子どもは書き言葉に親しんでいきます。読み聞かせをする場合，音読している文を指で追うのがいいでしょう。子どもは文字が音声化される過程を見ることができます。『We Can!』のデジタル教材では，「Story Time」で，読まれている文にアンダーラインが引かれるような工夫がされています。

　本書でよく引用しているアメリカで行われた大規模な研究，リーディングに関する全米調査委員会(2000)は，単語指導について明示的または暗示的，どちらの教え方も学習者の語彙力を伸ばしたと報告しています。母語話者であれば，生活環境からさまざまな単語を学習する可能性はありますが，外国語の環境ではそのようなことはあまり望めません。したがって意識的な学習が中心になってきますが，読み聞かせなどは教室でも十分に活用できるので，付随的な語彙学習を進めるという観点からも，取り組まれるとよいでしょう。
　単語学習は，英語の単語を日本語で理解することだけを意味しているのではありません。一つひとつの単語について多くの知識を得ることであり，それは一回の学習で身につくものではありません。単語の知識は「イチかゼロか」または「all or nothing」という二極で考えず，部分的に学習を積み，少しずつその語彙を自分のものにさせていきましょう。だから，同じ単語を異なるテキストで複数回読み聞かせることが効果的なのです。
　新学習指導要領では小学校では600〜700単語，また中学校では1600〜1800単語が導入されると言われています。数だけではなく，それぞれの単

語をどれだけ深く理解していくことができるのかが重要になってくるでしょう。

サイト・ワード・メソッド（Sight Word Method）

　サイト・ワード指導では，単語をそのまま全体で教えていきます。単語を文字に分解して，文字が表す音をつないで単語を音声化するように指導するフォニックスとは異なります。sight というのは「一目」という意味なので，一目見れば単語がすぐ理解できるように指導します。教室ではよくフラッシュカードを使って指導されます。児童や生徒は意図的に学習します。

　使用頻度の高い機能語[1]（例：the, my , he, of, and など）を中心に100単語ぐらいをこのような方法で習得すると，ある程度の文を読むことができるようになります。フォニックスで指導を受けながらサイト・ワードの指導を受ける場合が多く，学習者は文字と音との関係のルールでは説明できない単語（例：the, one, come など），もしくは全体で覚えたほうが効果的な単語（例：you, play, day など）を分解しないで，丸ごと覚えていきます。明示的に単語の構成を考えたりしないで，そのまま理解していくサイト・ワードは，読める単語（reading vocabulary）の一つのグループとして，サイト単語（sight vocabulary）とも呼ばれます。

　リーディング能力を高めるという観点から，英語圏の子どもにもこのサイト・ワードを教えることは有効であると考えられています。指導としては毎回6〜10単語ぐらいを選び，その単語をフラッシュカードで見せたり，ワードサーチをしたりしながら，スペルを全体で覚えていきます。その他にもビンゴカードを作成したり，それらの言葉を使いミニブックを作ったりすることもできます（Roseuberg, 2000）。

　サイト・ワード学習を進める活動例も，ワークシートとともにこの章の終わりに紹介しています。

---

[1]　機能語とはそれ自体ではほとんど意味を持たないもので，文法的な関係を表す言葉である（前置詞，代名詞など）。

リーディングの流暢さ（fluency）とリーディング能力

「リーディングの流暢さ」とは，テキストをすらすら早く，正確に，そして適切な表現力で読みこむことを指します。アメリカではこれに関する研究はあまり盛んでなく，最近になってその重要性が指摘されています。

その一つのきっかけになったのは，児童の学びに関する全国的な調査（the National Assessment of Educational Progress）です。それによると，小学校4年生の44％が流暢さに欠ける読み手であると判断されました（Pinnell, G. S., Pikulski, J. J., Wixson, K. K., Campbell, J. R., Gough, P. B., & Beatty, A. S., 1995）。また，リーディングの流暢さと読解力（reading comprehension）には密接な関係があることも報告しています。つまり，リーディングの流暢さが高い児童は読解力が高く，低い児童は読解力も低いのです。

また，他の章でも紹介したリーディングに関する全米調査委員会の調査でもリーディングの流暢さの重要性が指摘されており，先生が適切なフィードバックや助言を与える音読活動は，学習者のリーディングの力，具体的には，①正確に読む力（reading accuracy），②流暢に読む力（reading fluency），③読解力（reading comprehension）を向上させていると報告しています。

音と文字との関係が理解でき，単語を音声化（decode）できるレベルに到達したら，次には本格的なリーディング力，つまり内容を解釈する力を身につけるような指導をしていく必要があります。そのためには，さまざまなテキストを流暢に読める力を培うことが重要になります（Snow et. al. 1998）。これらの研究報告を受けてアメリカでは，州を超えてできた学習到達目標を示す Common Core State Standards[2] において，テキストを流暢に読む力は早期リーディング指導で児童に獲得させなければいけない重要で基礎的な力であると明確に示し，カリキュラムの中に位置づけています（Kuhn & Rasinski, 2015）。

2 　大学や職業への準備を行うためのものとして，アメリカで国際的な調査を踏まえ策定された各州共通基礎スタンダード。2010年公布。

流暢な読み方に必要な二つの力

　リーディングの流暢さについての研究が遅れた原因には，単語を早く，正確に理解すれば自然に身につくものであるとか，流暢さを身につけるのは音読指導のみであるという誤解があるようです。リーディングの流暢さは，単語を正確に早く理解する以上の力であり，この力は文を解釈する力を向上させます。流暢な読み方を獲得するには二つの力が必要です。

素早く自動的に読める力(automaticity)

　一つは単語を素早く自動的に読める力(automaticity)です。自動化とは単語を読む際，無意識に，そして即座に単語を認識できる力を指し，その力を身につけることで，意味を理解しながら文を素早く読むことができるようになります。

　認知心理学的に見ると，人の認知力には限りがあり，文字と音との関係を十分に理解しておらず，単語認識ができなければ，その解読に多くの注意を向ける必要が出てきます。そうすると，文全体で何が表現されているのかを解釈するために必要な認知力が足りなくなってしまいます。反対に単語を即座に理解できる自動化された力があれば，多くの注意や認知力を文の解釈に使うことができるのです。

適切な音声学的要素を入れて読める力(prosodic reading)

　もう一つは，文を適切な音声学的要素(prosody)を入れて読める力です。つまり，適切なイントネーション，ストレス，テンポ，区切り方で文を読むことができる力のことです。このような音声的な要素を持って読むプロソディック・リーディング(prosodic reading)，もしくはメロディック・リーディング(melodic reading)が，流暢な読みにつながっていきます。逆に言えば，文章の意味を理解していないと，適切なアクセントやイントネーションをつけて読むことはできません。

　先述の自動化は意味を理解しながら素早く読むことを目的とし，音声学的要素を用いた読みは，意味を理解しながらアクセントやイントネーションや

ポーズなどを適切に使うことを目指します。この二つの力がテキストを解釈する力を伸ばすと言われているのです。

英語圏で行われているリーディングの流暢さを伸ばす指導

このように指導者がリーディングの流暢さを伸ばす指導が解釈する(comprehension)力, すなわち意味を理解する力を伸ばすことになる, という認識を持つことは大切です。

しかし繰り返しますが, ただ音読を繰り返すだけでは, 適切な指導とは言えません。リーディングの流暢さを効果的に伸ばすには, 次のような指導の原則があると言われています(Rasinski, 2005)。

⑴　モデルとなる先生や音源があり, 学習者はどのように読むべきなのかが理解できている。
⑵　学習者の音読に対して先生は, 適切にサポートする。例えば, 全体での復唱読みやペア活動のときに, 流暢な読み方を聞けるようにする。
⑶　意味の区切りで読むことができるように学習者の注意を向ける。このような指導を通じて, 学習者は音声学的な要素(プロソディー)を含めて読むことの大切さを知り, 単語ごとではない文レベルの読み方ができるようになる。
⑷　学習者が十分に流暢なリーディングができるようにその機会を提供する。

以上の四つの方法を個別, または統合して指導するわけですが, 繰り返しますが, 大切なのは学習者が読みの自動化を獲得し, 音声学的な要素を含めて流暢に読むことができるようにすることです。そのためにはただ繰り返すだけでなく, どのように繰り返させるかが重要になってきます。

練習方法としては, 従来行われているように同じテキストを何度も繰り返し音読させる方法(deep reading)もあれば, 複数の同じようなテキストを1回だけ読ませる方法(wide reading)もあります。同じような言葉や文型, 表現方法を含むさまざまなテキストを読ませることで, リーディングの流暢さ

を高めることが十分に可能になります。

日本の中学生へのリーディングの流暢さを伸ばす指導

　中学校に進むと，教科書を使用した本格的な学習が始まり，それに戸惑う学習者が出てきます。それらの学習者の多くはまず，文字がたくさん出てくることにひるむかもしれません。

　小学校でも「読むこと」「書くこと」が導入され，ある程度の英語の量は出ていますが，中学校の教科書と比べるとその差は一目瞭然です。しかし私の経験からすると，2～4章で説明している音と文字との学習をしっかりしている児童は，単語を読むことを楽しむことができます。文章を音声化できることを楽しく感じるので，教科書を自力で声に出して読もうとします。そのような児童は中学校に進んでも英語を読みたいと思っています。

　繰り返しになりますが，流暢なリーディングの練習をする前に，まずは単語が音声化できる力をつけることが大切です。その上で，中学校の生徒に音読させる場合は次のような方法を使ってみましょう。私が提唱している方法はリーディングの流暢さを伸ばすことが目的ですが，単語を音声に出して読む活動も含めています。

① 　音読させたい部分をまずは適当な時間をとって生徒に自力で読ませる。この活動ができるためには，十分に文字と音の関係を教え，単語を読み，また書く練習をしていることが前提である。
② 　ペアになり，発音の仕方または意味について，わからないところがあればたずね合う。音声化するときにはこのように協働で活動することが効果的である。
③ 　先生はこの活動の間，生徒がどのような質問をお互いにしているのかを机間巡視しながら探る。
④ 　クラス全体で質問がないかたずねる。ここで自分が聞いた生徒どうしの質問に答えることもできる。

ここまでで重要なことは，学習者に自力で文字を音声化できるという自信を与えることです。そのため，フォニックスなどで獲得した文字と音との知識を，教科書を使った実際の活動で生かす機会を与えることが大切です。
　次に音声化できた単語を理解できているかどうかを確認します。文章のだいたいの意味が理解できたところで，生徒は不安にならず，流暢なリーディングの練習ができます。

⑤　先生は意味のかたまりで文を分けて読み，生徒はそれを聞く。このとき必要であれば，ポーズごとにスラッシュを入れさせてもよい。
⑥　先生のあとについて，意味の区切りを意識しながら読むように指導する。
⑦　リズム，イントネーションに気をつけて繰り返すように指導する。
⑧　意味単位の間のポーズをとりつつ，少し速度を速め，繰り返すように指導する。読みが不確かな箇所があれば，言えるように何度か練習する。その際，最後の単語から前にさかのぼって読ませる，つまり文を後ろから繰り返すテクニック（backward build-up drill[3]）を使うこともできる。
⑨　もう一度先生のあとについて読む。このとき，聞いている人に意味がわかるような読み方をしているかどうか意識させる。ダイアローグや物語だったら，「〜になったつもりで言いましょう」などと指示する。
⑩　ペアで音読をさせ，お互いに評価させる。評価に関しては，生徒と相談しながらルーブリックなどを作るとよい。

リーディング能力とリタラシー

　1章で述べたように，21世紀に求められるリタラシーはより複雑で広範囲にわたる情報を素早く理解し，意味を再構築し，メッセージを発信する力です。グローバル化が進む中，母語である日本語でそのような力を身につけつつ，世界共通語としての英語でもそれに等しい力を獲得していくことが望

3　文を後ろから繰り返すテクニック。例：I'm going to see my friend tonight. の文を tonight ― my friend tonight ― see my friend tonight ― to see my friend tonight ― going to see my friend tonight ― I'm going to see my friend tonight.

まれます。話し言葉とは異なる機能を持ち、私たちを「今、ここ」の世界から「いつの時代でも、どこにでも」行ける力を与えてくれるのがリタラシーであり、その中でも重要になるのがリーディング能力です。

そのような力を身につけ、英語で自立・自律した読み手になるために、獲得しなければならない力について説明してきました。今まで述べたことを次の表にまとめていますので、どのような指導が重要であるのか改めて確認してください。

初期リタラシーカリキュラム

音声言語	文字と名前	音韻・音素	文字と音	音声語彙	読める語彙	流暢さ
・意味のある文脈のもと音声言語を伸ばす	・大文字の読み(一文字から複数文字) ・大文字の書き(一文字から複数文字) ・小文字の読み(一文字から複数文字) ・小文字の書き(一文字から複数文字)	・オンセット(消しゴムゲーム) ・ライム(High-Tenゲーム)	・音素体操(名前から音) ・アルファベットの原則(phonics) ・子音 ・二字一音 ・短母音 ・長母音	・音声語彙の発達とともに語彙を増やす	・文字と音の関係が理解でき読める語彙を増やす	
					・サイト語彙を増やす	
					・語彙を増やす	・文を理解し、早く読む

ここがポイント！

- ☑ リーディングにおいて，文字と音との関係が理解でき，単語を音声化（decoding）できるようになれば，次に文を解釈する力（comprehension）を高める指導をする。
- ☑ 単語には理解できる単語（受信単語：receptive vocabulary）と使える単語（発信単語：productive vocabulary）という区別があり，また音声単語（oral vocabulary）と読める単語（reading vocabulary）という区別もある。
- ☑ 語彙力とリーディング能力は相関している。
- ☑ 文を解釈する力を高めるためには語彙力を高めることが大切であるが，語彙指導には意識的な教え方（explicit teaching, intentional learning）と暗示的な教え方（implicit teaching, incidental learning）があり，どちらの指導方法も単語力およびリーディング能力を向上させる。
- ☑ 単語を分解しないでそのまま理解するように教えるサイト・ワード指導がある。
- ☑ サイト・ワードを増やすことで文をスムーズに読むことができるようになる。
- ☑ 文を読む際，流暢に読むことが必要であり，流暢に読めることはリーディング能力を高めることに深く関係している。
- ☑ リーディングの流暢さを伸ばすためには，素早く自動的に読むだけではなく，音声学的要素を入れて読む（prosodic reading）ように指導する。内容を十分に理解していなければ，音声学的な要素を含めて音読することは難しい。

活動1　短母音を復習しながら単語を学ぼう

目安時間：5分

目的	(1)短母音の音と文字を復習する。 (2)短母音が含まれる単語が正しく読めて，意味がわかる。
教材	ワークシート

活動の進め方

①目標となる母音(ここでは，a=/æ/)の音と文字を復習する。
②/æ/が含まれる単語をサウンド・テニス(p. 78)を使い，さらに確認する。
③ワークシートの1の問題で，書いてある文字を音読する。
④ワークシートの2の問題で，1の文字が表す単語を確認する。
⑤ワークシートの3の問題にそれぞれの単語の定義が英語で簡単に書かれているので，児童に答えさせる。そのあと先生は適宜，ジェスチャーなどを交え，ヒントを与える。
⑥ワークシート3の問題の答え合わせをする。

■ 活動の留意点 ■

①短母音は日本人には聞き取りが難しいので，復習しながら単語を学ぶ。子音を使って同様の活動をしてもよい。
②単語に関する知識はさまざまであるが(Cameron, 2001, p. 77)，単語の音，意味，スペルについての知識が基本的なものである。
③最後の問題ではそれぞれの単語の説明文を読み，適切な単語を選ばせる。単語学習で大切なのは，その単語を文脈の中で理解でき，簡単な英語で説明できる力を得ることである。このような問題を通して，児童はそれぞれの単語が他の単語とどのように関連するのかを知る(collocational knowledge)こともできる。
④このように段階を踏んで，意図的に単語の知識が増えるように指導していくことが大切である。

【ワークシート例】

1 短母音の a を含む次の単語を読みましょう。
　① ham　　　② can　　　③ ant　　　④ cap

2 それぞれの絵にあてはまる上の 1 の単語の番号を書きましょう。

3 それぞれの文が表しているものを下線の上に英語で書きましょう。
（ア）You put me on your head.　　　　I am a _____.
（イ）I am an insect. I have six legs.　　I am an _____.
（ウ）I have some food in me.　　　　　I am a _____.
（エ）I am a food. I am sometimes in a
　　　sandwich.　　　　　　　　　　　I am _____.

活動2 長母音を復習しながら単語を学ぼう

目安時間：5分

目的	(1)長母音の音と文字を復習する。 (2)長母音が含まれる単語が正しく読めて，意味がわかる。
教材	ワークシート

活動の進め方
① 目標となる母音（ここでは，a=/eɪ/）の音と文字を復習する。
② /eɪ/ が含まれる単語をサウンド・テニス（p. 78）を使い，確認する。
③ ワークシートの1の問題に書いてある単語を音読する。
④ ワークシートの2の問題で，1の文字が表す意味を探す。
⑤ ワークシートの3の問題にそれぞれの単語の定義が簡単に書かれているので，児童に答えさせる。そのあと，先生は適宜，ジェスチャーなどを交え，ヒントを与える。
⑥ ワークシートの答え合わせをする。

■活動の留意点■
① スペルの規則が複雑になる長母音が含まれる単語の学習である。
② 短母音の問題と同様，最初の問題では音と文字との関係が理解でき，スペルを音読できる力があるかを確認する。
③ 次に意味（絵）から単語の音が理解でき，スペルと照合できるかどうかを確認する。
④ 最後の問題ではそれぞれの単語の説明文を読ませ，適切な単語を選ばせるが，理解可能な文を読むことから，単語の知識のみではなく，語順や形態素への気づきも高まるであろう。
⑤ このように段階を踏んで，意図的に単語の知識が増えるように指導していくことが大切である。

【ワークシート例】

1　長母音の a を含む次の単語を読んでみましょう。
　　①　apron　　　②　cake　　　③　train　　　④　nail

2　それぞれの絵にあてはまる上の1の単語の番号を書いてみましょう。
　　（　　）　　　　　　　　　（　　）

　　（　　）　　　　　　　　　（　　）

3　それぞれの文が表しているものを下線の上に英語で書きましょう。
（ア）I am sweet. You can sometimes put candles on me.　　I am a _____.
（イ）I am on your fingers and toes. You can color me.　　I am a _____.
（ウ）I stop at stations. You can ride on me.　　I am a _____.
（エ）You wear me when you cook.　　I am an _____.

活動3	サイト・ワードを学ぼう

目安時間：5分

目的	(1)サイト・ワードを素早く認識し，音読できる。 (2)サイト・ワードが含まれる文を音読できる。 (3)サイト・ワードが含まれる文が理解できる。
教材	ワークシート

活動の進め方

①ワークシート上部のサイト・ワードを順番に読んでいく。

②サイト・ワードが素早く認識できるようにするため，次のような練習をしてもよい。

先生：先生の言う単語の番号を言ってください。(am)

児童：2番！

先生：今度は先生が言う番号の単語を言ってください。9番！

児童：day!

③ワークシートの1の問題を使い，ワード・サーチを行う。

④ワークシートの2の問題にあるサイト・ワードを探させた上で，全文を読ませる。

先生：①の文にはどんなサイト・ワードがありますか？

児童：have と day，それと a。

先生：そうですね。それでは，文を読んでみましょう。

⑤ワークシート2の問題にある文の意味を確認する。

役に立つ英語表現

▶ Find the ten sight words listed above.

（上にある10のサイト・ワードを見つけてください）

▶ Do you understand each sentence? （それぞれ文がわかりますか）

【ワークシート例】

① a　　　② am　　　③ not　　　④ are　　　⑤ you
⑥ the　　⑦ do　　　⑧ I　　　　⑨ day　　⑩ have

1　上の①〜⑩の単語を見つけて〇で囲みましょう。何秒かかりましたか？

(A) _____ 秒　　　　　　　(B) _____ 秒

```
q a m r x c          m r h d o u
I t h e u p          a m d a y w
h a v e g s          b t h e v o
n d d o u e          k q r g b e
o a z a r e          u a y o u n
t y b y o u          j I k n o t
```

2　上の10個の単語をそれぞれの文に中から見つけ，〇で囲みましょう。
　　それぞれの文を読みましょう。

　① Have a good day.　　　② Do you have a pet?
　③ Yes, I have a dog.　　　④ Are you a girl?
　⑤ No, I am not a girl.　　⑥ Do you play the piano?

| 活動4 | 文を読んでみよう（中学生用） |

目安時間：各10分

目的	(1)単語を音読でき，意味が理解できる。 (2)文を音読できる。 (3)文の意味がだいたいわかる。
教材	ワークシート

活動の進め方

①次のワークシートのようなリーディング教材を用意する。
②音読させたい部分を適当な時間をとって生徒に自力で読ませる。
③ペアになり，発音の仕方や意味について，わからないところがあればたずね合う。
④クラス全体に質問がないかたずね，あれば答える。
⑤内容の理解ができたあとに，先生がまず読み，それをモデルとして続けて読むように指導する。
⑥用意している問題を解かせ，答え合わせをする。

活動の留意点

①文字と音に関する知識を使って，自力で音読ができるようにするのが最初の目標である。量が多い場合は，2〜3回に分けて読むことができる。
②音声単語(oral vocabulary)が発達していれば，単語を音読することで意味がわかり，文章全体の意味もおおよそ理解できる。
③音読指導は，本章で書いているように音声的な要素を意識しながら指導する。
④このように昔話は一見量は多く見えるが，繰り返しがあるので，学習者の読みの流暢さを鍛えるよい教材である。
⑤説明文(expository text)の例も載せているが，このように異なるジャンルの読みものに慣れていくことも大切である。

【ワークシート例1 (ナラティブタイプのテキスト)】

The Little Red Hen

　A little red hen lived with a dog, a cat, and a duck on a farm. The hen always worked hard. The others were lazy. One day in spring, the hen wanted to plant wheat. She asked her friends to help her. But no one helped her. So she planted wheat all by herself.

　In summer, she wanted to pull some weeds. She asked her friends to help her. But no one helped her. So she pulled weeds all by herself.

　In autumn, she wanted to cut the wheat and make flour. She asked her friends to help her. But no one helped her. So she cut the wheat and made flour all by herself.

　One day in winter, she made some bread. The dog, the cat, and the duck wanted to eat bread too. But the hen said, "I worked all by myself, so I will eat it all by myself."

1　上のお話を読みましょう。
2　お話を読んで, 赤いめんどりがやったことを順番に並べてみましょう。

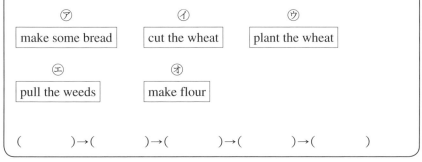

| ㋐ | ㋑ | ㋒ |
|make some bread|cut the wheat|plant the wheat|

| ㋓ | ㋔ |
|pull the weeds|make flour|

(　　)→(　　)→(　　)→(　　)→(　　)

＊答えは㋒→㋓→㋑→㋔→㋐。

【ワークシート例2 （説明文タイプのテキスト）】

次の文を読んで下の問いに英語で答えましょう。

Goats and Sheep

A goat is an animal. It has four legs and two horns.

Goats and sheep look similar. They both have four legs with hoofs at the end. They eat grass. They don't eat meat.

But they are different in some ways. Sheep eat only grass but goats eat leaves and buds, too. Goats have beards but sheep don't. Goats can climb steep cliffs, but sheep can't.

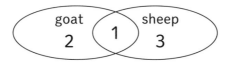

1　goat と sheep に共通する特徴は何ですか。

2　goat に見られる特徴は何ですか。

3　sheep に見られる特徴は何ですか。

答え：1 Goats and sheep are animals. They have four legs with hoofs. They eat grass. They don't eat meat.

2 Goats eat grass, leaves and buds. Goats have beards. Goats can climb steep cliffs.

3 Sheep eat only grass. Sheep don't have beards. Sheep can't climb steep cliffs.

7章
ライティングの学習

ライティングとは何か？

　リタラシーの定義は1章で詳しく述べており，これまでは主にリーディングについて述べてきました。ここではリーディングとともにリタラシーの大きな構成要素である，ライティングについて考えてみたいと思います。

　ライティングはスピーキング同様，社会の一員として同時代に生きる人々や，続く世代の人々とコミュニケーションをとり，自分の考え，思いを表現する手段です。また，ライティング能力を獲得するには，言語的，認知的，情意的，そして運動的な能力というさまざまな能力の獲得が必要となります。

　なお，書き言葉は話し言葉を基にそれを記号化したもの[1]であり，つまりは文化的な発明物です。自然に習得できる話し言葉とは異なり，書き言葉は意識的に学習しなければ獲得できないので，個人の努力だけでこの力を得ることは難しく，その習得には社会環境も大きく影響することには注意が必要です。

　また，ライティングという言語技能には，「文字をしるす」と「文を作る」（広辞苑，2008）という二つの意味が含まれており，別の言い方では「言語の書記記号（文字）に関わる側面と書記記号を道具として意思を表現・伝達する側面を併せ持っている」（沖原，1985，p. 1）と定義されています。本章では小学校高学年から中学校1，2年生を対象として，リタラシーにおけるこのようなライティングの側面について考えていきたいと思います。

英語圏のライティング能力の発達に関する研究

　最初に，ライティングという言語技能がどのように発達していくのか，英語圏の研究（特にGarton & Pratt, 1998やDyson & Freeman, 2003）を中心にみていきましょう。就学前から始まると言われているライティングの活動はどのようなもので，その能力はどのように発達していくのでしょうか。ここではその初期段階を大まかに見ていきたいと思います。

1　すでに記号化された音声（first-order system）をさらに記号化したものなので，文字言語はsecond-order representationと呼ばれることがある。つまり一つのシンボル（文字言語）が他のシンボル（音声言語）を表しているという意味（Garton & Pratt, 1998, p. 171）。

(1) 小学校に上がるまで

　小学校に上がる前から，子どもたちは自分の思いや表現したいものを表すために「ライティング」を行い始めます。しかし，この頃のライティングは意味のない文字の線や点であったり，くねった線を続けたり，絵や文字，数字が混じることもあります。この段階では，文字が音を表すものと考えることはなく，それぞれの文字自体がただのシンボルであると思っています。スピーチとライティングの関連はまったく理解していません。

　しかし，子どもたちは少しずつ書き言葉の機能に気づき，文字がメッセージを伝えていることを理解するようになっていきます。彼らしか理解できない線や丸などのシンボルで書けないことが出てくると，すぐに話し言葉に切り替えて表現を続けます。そして徐々に「シンボルが話し言葉を表している」という認識を持ち始めます。

　このように話し言葉と書き言葉を関連させることは，リーディングとライティングを習得していく土台になっていきます。

(2) アルファベットの文字の学習

　学校教育が始まると，本格的に文字を正確に書く学習が始まります。しかし，母語話者でも小学校第一学年の児童の3分の1は，文字を適度な大きさや整った形で書くことができません。まだ目と指とのコーディネーションや，指の使い方を十分に体得していないからです。正しく文字を書くのに2～3年かかる場合もあります (Garton & Pratt, 1998, p. 167)。

(3) 音と文字との関係の理解

　子どもたちは文字のつながり (単語) が話し言葉を表すことを知るようになりますが，それに応じてライティングも難しくなっていきます。音と文字との関係を理解しなければライティングができないことを理解するからです。

　そのため，この文字と音との関係を理解することが非常に重要になってきます。つまり「The discovery of grapheme-phoneme correspondences and the subsequent learning of these correspondences is at the very heart of learning to write and to read(書記素〈文字〉と音素〈音〉が対応していることを発見し，その後，その対応を学ぶことこそが読み書き学習の核心である)」と述べられているように，(Garton & Pratt, 1998, p. 173)，母語話者にとっても簡単なことではありません。

　また，この時期の子どもたちには発明スペル(invented spelling)と呼ばれる現象が見られます。これは例えば，「people」を「pepl」のように音に合わせて誤ったスペルを書くことです。しかし，これは誤りであっても，それを書いた子どもは文字が音を表すものであることを理解しており，予測して単語を書く力があることもわかります。そのため，創作的スペル(creative spelling)と呼ばれることもあります。

　この時期の子どもたちはまた，単語と単語の間にスペースを入れることを学んでいきます。しかし，単語という概念がない多くの子どもには難しい作業となります。また，ルールを知っていたり，音から単語を書くことはできるのに，スペースを空けられなかったりします。

　音と文字との関連を学習すると同様に，指導者はスペースなどについても明示的に指導し，学習者は意識的に学習する必要があります。

(4) 話し言葉を超えた書き言葉の習得

　子どもたちは学年が進むにつれ，長く一貫性のある文を書くことができるようになります。テキストの構成を考えて，ジャンルの異なる文を書くことができるようになります。書き言葉の話し言葉とは異なる面を理解し，書き言葉ならではの表現方法や構造を学習していきます。それぞれの文脈(コンテキスト)に適した表現方法を選択していくようにもなります。ジャンルとしては通常ナラティブ・物語文(narrative)の習得が早く，解説文・説明文(expository prose)のほうが遅いと言われています。

初期段階のライティング能力

　初期段階のライティングの能力について，アメリカで行われた研究を紹介しましょう(Puranik & Lonigan, 2011)。この研究から日本の小学生のライテ

ィング指導にも役立つ知見が得られます。研究者らは3歳から5歳の372人の幼児を対象に次に示す五つのテストを実施し，そのデータから英語の母語話者がどのようにライティング能力を身につけるのか，またそこにはなんらかの順序があるのかを調べました。テストは個別に別室で行われました。

① アルファベットの大文字テスト
（試験官が言った十個の文字を書く）
② 名前書き（自分の名前を書く）
③ 単語書き（試験官が言った六個のCVC〈子音–母音–子音〉の単語を書く）
④ 絵の描写（提示された絵についての説明文を書く）
⑤ 文の復唱および書き取り
（試験官が言った短文を復唱し，それを書く）

データ分析の結果，次のようなことが判明したと報告されています。

A) 児童はライティングの普遍的特徴(universal features[2])を習得したのちに，言語特有の特徴 (language-specific features[3])を習得する。
B) 自分の名前を書くことが最初の言語特有の特徴，つまり英語のライティングを学習する活動としては最適である。自分の名前や友達の名前を通して，文字の形を覚えるだけではなく，文字と音との関係について理解を深めている。この名前を書く力が，のちの読みの力を予測するとも言われている(NELP, 2008)。
C) この時期，子どもは下位書写技能(lower-order transcription skills)と言われる，手書きで文字を書く力(handwriting)，スペルがわかる力 (spelling)，句読法がわかる力(punctuation)などを十分に獲得しておか

---

2 すべての言語が共通に持っている特徴で，この研究では，書いてあるものが線上に並んでいる (linearity)，見てわかる切れ目がある(segmentation)，丸や線などが含まれている記号(simple characters)という特徴を見ている。
3 英語の特徴として，この研究では左から右へ書かれていること(left-to-right orientation)，文字，スペルが書かれていることが取り扱われている。

なければならない。このような力が不足していると，文を作るために必要な知識や技能を得るために自分の認知力を使うことができなくなり，結局，文を作ることが難しくなる。

　測定法として採用された大文字を書く力，自分の名前を書く力，簡単な単語を書く力は，日本人の初期英語学習者のライティング力を測るのにも有効な手段でしょう。自分の名前を書けるかどうかは，彼らのライティング能力を見る大きな指標になります。

　また，単語や一文を写字する際の児童や生徒のハンドライティングの差は大きく，中学生になってもほとんど読むことができないほど薄い字で書いていたり，まっすぐに文が書けない生徒もいます。授業見学などをしていると，手書きで文字を書く力であるハンドライティングがライティング力を予測するのではないかと思うときもあります。ライティングには個人差が大きく出てくるので，指導方法については，指導者も理論や実践について学習する必要があります。

ライティング指導における三つの理論

　これまで英語圏では，ライティングは非常に複雑な活動であるため，資格のある先生から教わるべきで，子どもは学校に入るまでライティングを習うべきではないという考えが主流でした。またライティングは学校教育の成果であり，リーディングができる前に学ぶべきではないとされていました。

　ライティング指導の実践はいろいろありますが，その基本になっている理論は三つあります (Hall, Simpson, Guo, & Wang, 2015)。

成熟説

　一つ目は成熟説 (maturationist theory) に影響を受けた考え方で，ライティングの発達は予測可能な順番で起こる生物学的なプロセスであると考えます。子どもは成長するのにしたがい，書くことに必要なさまざまなスキルを自然に獲得していくので，先生は子どもたちの発達の段階をよく見取り，それに

合わせて教材を準備します。教え込むような特別な介入はせず，子どもが自然に書き言葉に触れ，自分で書く作業を始めるように，自然な環境を整えることで書く指導をしていきます。

構成主義

　二つ目として，構成主義を信じる人たち（constructionist）は，環境から自然にライティングに必要な技能を獲得していくという考え方をもとに，子どもが大人や友達と積極的に関わることを通してライティングに必要な知識や技能を身につけていくと考えます。そして書く内容を考えたり，文や文章を組み立てるという高位のスキル（higher-level skills）の前に，手書き文字を書けたり，スペルが書けるといった下位のスキル（lower-level skills）をゆるやかに獲得することが必要だと考えます。

行動主義

　最後は，行動主義的な立場からのライティングの指導法です。この立場を取る人（behaviorist）は，環境により学習は形成されるものであると考えるのは構成主義者と同じですが，先生が直接，子どもが知識やスキルを獲得できるように指導するという面において大きく異なります。そのため，子どもとのやり取りや，子どもどうしのやり取りにはあまり重点を置きません。この考え方を信じる先生は，文字学習や名前を書く練習などではモデルを見せ，写すように促します。

　研究者たち（Hall et. al.）は，これらの異なる考え方に基づいた指導法を比較し，その結果，いずれのアプローチも子どものライティング能力を伸ばしていたことがわかりました。成熟主義に基づく指導では，先生が教えこまないかわりに，子どもの学習環境に読み書きに関するものを豊富に置くことで大きな効果を出しました。構成主義に基づく指導では，先生が積極的に子どもたちと関わり，助言や指導を与えて効果を出しました。行動主義に基づく指導では，先生が直接スキルを教えることでそれなりの効果が見られ，特に

文字学習などの下位スキルの発達にはこの教え方が効果的だと報告されました。

　これらの三つの考え方に基づく指導法に，それぞれ効果があったのは興味深い結果だと思います。それぞれの指導法をいかに日本の英語教育環境に応用するのかを考えてみましょう。

　例えば成熟説に従い，なるべく学習環境に英語の掲示物を貼るという工夫ができます。廊下や階段，壁などに多くの英語の掲示物を貼っている学校があります。実際，英語のライティング力を高めるのにどれほど効果があるかはわかりませんが，児童の英語への親しみや英語学習の動機づけにもつながる試みでしょう。

　次に構成主義を信じる人たちのように，児童とのやり取りを通してライティングを教える方法が考えられます。ただ，小学生の場合は，文字学習以外のライティングはまだ行われないため，ライティングに関する質問が出てこない可能性はあります。また，やり取りも日本語が主体となってしまいます。しかし，児童が積極的に自分の書いたものを見せ合い，ライティングについて先生や仲間と関わっていくように指導するのはよいことでしょう。

　行動主義的なアプローチですが，ライティングに関する知識を教えていく必要がある初期学習者に対しては，このアプローチが最も効果的でしょう。英語圏の研究でも文字学習など下位スキルの習得にはこの方法が有効だとされています。先生はどのようなことを，どのような手順で教えると効果的なのかなど，十分な授業研究が必要となるでしょう。

ライティングの指導について

　以上のような指導理論に基づき，英語圏では小学校に上がるまでに次のような指導が必要だと言われています(Hall ら 2015)。

(1)ライティングへの動機を高めること
(2)ライティングに取り組む姿勢を育むこと
(3)音声言語のスキルを伸ばすこと

(4) アルファベットに対する知識(字形，名前，音)を伸ばすこと
(5) 書き言葉に対する概念(左から右に読み書くなど)を獲得させること
(6) 音韻認識能力を伸ばすこと
(7) 初期段階のライティングのスキル(例：記号や文字を使って考えを表す)を伸ばすこと

　(1)と(2)に関しては情意面の指導になり，まずは先生がライティングが大切であると信じていることが重要でしょう。次の(3)(4)(6)については，本書ではリーディングにも関連させて，十分に説明してきました。これらは文字と音との関係を理解し，活用する力を獲得させることの重要性を説いています。(5)と(7)に関してはライティングに関するルールの習得になります。これらの力を英語圏では幼稚園で指導するということですが，日本人児童にもこれらの指導が重要になってきます。

　英語圏では以上のような指導を受けた子どもが小学校へ入学し，引き続きライティングの指導を受けます。小学校でのライティング指導については，次のようにアドバイスされています(Graham & Harris, 2016)。これらのアドバイスは，日本の中学生以上の英語学習者に適していると言えるでしょう。

(1) 学習者は書くことによって書くことを学ぶ
　　書く活動を増やしたクラスでは，児童のライティングの質が高くなり，リーディングのスコアも上がった。さらに時間を増やすだけではなく，ライティングの目的を明らかにし，それが書くべき「本当の」理由であれば，ライティング活動が意味のあるものになる。
(2) ライティングを学習のツールとして使う
　　ライティング活動を学習を助ける手段として使う。具体的な活動として，①先生からの質問に答える，②授業や読んだものについてノートを取る，③要点をまとめる，などがある。ライティングが意味のある目的のもとに行われることが大切である。

(3) 楽しく，刺激的なライティング環境を整える

　　熟達したライティングの指導者は，例えば次のようなことをしている。①学習者がライティング学習に前向きに取り組める教室環境を整え，②学習者が書いたものを他の学習者の目に触れるようにし，積極的に互いのライティングを見て評価するようにし，③授業では効果的にルーティン化した活動を使い，④学習者にとってチャレンジングだが，到達可能で現実的な目標を設定し，⑤思考力が必要な活動を用意し，⑥学習者自身が自律的に学ぶように助言する。

(4) 学習者のライティングプロセスを見取り，必要な補助を与える

　　学習者はライティングの目標を決め，書くための情報を集め，アイディアを決め，プランを立てていく。指導者は，そのプロセスにおいて適宜・適切に助言を行う。指導者としてライティングの明解な目標を設定し，学習者が情報収集するのに適切な活動を用意し，ペアやグループになってプラン作り，ドラフト作成，訂正・修正をするように進め，十分にフィードバックを与える。

(5) 明示的な指導が必要な活動

　　これまでの研究から，以下の4つのライティング技能は明示的に教えるべきだと言われる。

　① ハンドライティング，タイピング，スペリングという下位のスキルを徹底的に習得させる。

　② 文構成に必要なスキル(自分の考えを文法的に，正しい文で書く力)が獲得できるように指導する。

　③ ライティングに必要なプラン，ドラフト，修正についてそのやり方を見せながら教える。

　④ 異なる文のスタイル・ジャンルについて説明をし，その書き方をモデルを見せながら教える。

　ここでは，(5)の「明示的な指導が必要な活動」に注目したいと思います。ここに書かれている①〜④は，中学校でも教科書の中に取り入れられていま

すが，内容的にだんだん難しくなり，学習者の個人差が出てきます。しかし，(1)で書いてあるように，書くことによってのみ書く力は伸びるという事実をしっかり受け止め，授業内外で「本当の(authentic)」目的を持ったライティング活動を行うように努めることが大切でしょう。また効果的にライティングのプロセスを指導するためにも，生徒どうしの協働作業を取り入れる工夫をすべきだと思います。

日本の児童に向けたライティング指導

さて，これまでは英語圏の研究について説明してきました。次に日本人の小学生にとっての適切なライティング指導について考えたいと思います。1章でも書きましたが，2018年の学習指導要領には「書くこと」に関して次のような二つの目標が提示されています。

書くこと

ア　大文字，小文字を活字体で書くことができるようにする。また，語順を意識しながら音声で十分に慣れ親しんだ簡単な語句や基本的な表現を書き写すことができるようにする。

イ　自分のことや身近で簡単な事柄について，例文を参考に，音声で十分に慣れ親しんだ簡単な語句や基本的な表現を用いて書くことができるようにする。

これからわかるように，小学校での指導ではアルファベットの文字を理解し，そして書くことができる力を得ること，単語のコピーができること，文のコピーまたは部分的に書き換えた文を書けることが目標です。例文なしで自らの意思で意味を伝えるためのライティング(コンポジション)は含まれていません。そのため，これからは(1)文字の書き指導，(2)単語の書き指導，(3)文の書き指導について，それぞれ分けて考えてみたいと思います。

文字の書き指導での注意点

　文字の指導は2章で書いているように，アルファベットを認識する活動から始め，文字と名前の学習を行います。母語話者とは異なり，本書ではアルファベットの導入は小学校3年生を想定していますが，日本人の児童は母語である日本語の平仮名やカタカナ，漢字をすでに学習しており，文字を書くという意義や意味を十分に理解しています。鉛筆の使い方，字形の読み取りや書き方も十分に理解しています。

　そのため，多くの児童にとっては文字をコピーすることよりも，文字の名前を英語の音で理解すること，また英語の音で文字の名前を言われたときに正しくその文字が書けることが重要です。また，一つの文字の認識だけではなく，複数の文字認識も指導して文字認識の自動化を進めることも大切になってきます。ライティングでも文字を聞き取って書く(dictation)活動を1文字ではなく複数文字で，またある程度の速さで行うことが大切で，このような書く力を育成することが重要です。

　字形という観点からは，アルファベットは大文字から始めて小文字に移る順序のほうが児童にとって書きやすいという利点があります。また，アルファベット学習の最初は文字とその名前を一致させることにあるので，よりわかりやすい大文字で名前を理解する力を育てるほうが効果的でしょう。大文字と小文字を同時に指導するのは，学習者に二種類の文字とその名前，つまり三つの要素を同時に学習させることになり，初学習者には認知的に負荷の大きい活動になる可能性が高いと言えます。

　字形から見て，文字を①垂直線中心の文字(L, I, T, など)，②曲線中心の文字(O, C, Q など)，③対角線中心の文字(A, X, M, W, など)と，その特徴からいくつかのグループに分けることができます。同じように〈1〉線対称の文字，〈2〉点対称の文字などのグループに分けることもできます。これらのグループ分けをする活動などは児童の学習動機を高める効果はありますが，字形と名前を教えることを考えると，通常の ABC の順番で教える方法がよいでしょう。

　前述した学習指導要領の目標の(ア)では「大文字，小文字を活字体で書く

ことができるようにする。また、語順を意識しながら音声で十分に慣れ親しんだ簡単な語句や基本的な表現を書き写すことができるようにする」とありますが、児童が適当な時間内で正しく単語や文を写字するには、それぞれの文字を意識せずとも正確に書くことができるという、自動化した文字の理解力が不可欠です。

単語の書き指導——音と文字との関係を中心に

　改めて、音と文字の関係を意識して文字を書く学習は小学校英語で最も大切であり、また難しくもあるので、十分に時間をかけて指導します。英語圏でのライティング発達のところで述べたように、音と文字との関係を知り、それを書くレベルにしていくことが、「at the very heart of learning to write and to read（読み書き学習の最も大切なこと）」になります（Garton & Pratt, 1998, p. 173）。4章（フォニックス）では文字と音との関係を理解することの重要性について説明しましたが、それはライティングにおいても重要な力であり、さらに書く作業をすることで、その力を定着させることができます。

　さらに一歩進み、児童が単に語彙をコピーするのではなく、音から単語を書けるようにするための指導について考えていきたいと思います。

　前述した学習指導要領で示されている目標（イ）「自分のことや身近で簡単な事柄について、例文を参考に、音声で十分に慣れ親しんだ簡単な語句や基本的な表現を用いて書くことができるようにする」ためには、単語をただ写すのではなく、音と文字との関係を理解し、自分で納得しながら単語を書く力が必要です。もちろん、丸覚えで単語を書くこともできますが、すべての単語を丸ごと覚えるのは不可能です。

　英語は音と文字との関連が複雑な言語なので、単語のスペルを正確に書くためには、音と文字の関係を知るだけでは十分ではありません（例：right, write など）。しかし、基本的には表音言語である英語では、音と文字の関係を知ることで単語の読み書きがかなりできるようになります。そのためにはやはり、音を聞いて文字を書くことができる知識・技能が必要になってきます。そのような知識・技能を持ち始めた学習者は、ライティングを通じて音

と文字との関係についての理解を深め，その力を定着させることができるのです。指導は次のような順番で，一つずつ丁寧に行うことが大切です。

① 最初の音を聞いてそれを書き取る活動
② 最後の音を聞いてそれを書き取る活動
③ 最初の音を操作することでライミング・ワード（rhyming word）を作る活動
④ 短母音の音に気をつけて，単語を聞いてそれを書き取る活動
⑤ 長母音のスペルルールを学習したあとに，単語を聞いてそれを書き取る活動

前述したように，この段階で母語話者には発明スペリングが見られます。私が教えた幼児の中で，jacket を jkt と書いた幼児がいましたが，単語は暗記するものと考える学習者が多く，日本人の学習者の中ではこのような発明スペリングを書く子どもは少ないようです。

しかし，英語圏で生活をしたことのある帰国児童にはこのような現象を見ることがありました。次に紹介するのは，海外からの日本人帰国児童が実際に書いた発明スペリングです。

これらは，物語を使って授業をしたときに書いたもので，架空のストーリーを聞きながら，想像力を使い，自分のお話を作るという活動でした。港に行って好きな船に乗り，島で賢者に出会って，贈り物をもらうというものです[4]。各自が自分のお話を作りましたが，授業では最初に英語で質問をし，次に空所補充という形でライティングを行いました。ここで紹介しているのは，英語の質問に彼らが単語で答えたときのスペルです。児童 A は当時小学校 3 年生で，1 年間アメリカに滞在，児童 C の兄でした。児童 B も小学校 3 年生で，7 年間アメリカへ滞在。児童 C は児童 A の弟で，小学校 1 年生でした。

4　Elisa Pearmain。(1991)。Story Creating with Children. *Yarnspinner-news and information about storytelling, 16(4)*, p.3

(1) What color is your boat?
　　児童A　（wite and blue and red）
　　児童B　（grEEN）　　児童C　（BROWN）

(2) How is the weather?
　　児童A　（sunny）
　　児童B　（suNNe）　　児童C　（sun）

(3) What can you see in the sea?
　　児童A　（animal dolphin seal）
　　児童B　（FiSH）　　児童C　（octops）

(4) What animals meet you in the island?
　　児童A　（bear and big lizard）
　　児童B　（ZIBBI）　　児童C　（cRodiL）

(5) How tall is the wise man?
　　児童A　（youg Medium）

7章●ライティングの学習

児童B
(tal youge)　　　児童C (tal)

(6) What is the present from him?

児童A
(animal book video)

児童B (LiTTLe BOAT)　　　児童C (Boat)

　これらのスペルの特徴として、下記の三点を挙げることができます。

(1) 一つの単語の中で大文字と小文字が混在している。（例：grEEN, cRodiL, FiSH, LiTTLe）
(2) 発明スペリングが見られる。（例：wite = white, octops = octopus, crodil = crocodile）
(3) 綴りが十分に定着していない。（例：youg, youge = young, tal = tall, sunne = sunny）

　日本で英語を学習する児童にはあまり見られない現象ですが、ローマ字で英語を書くのではなく、このようなスペルを書いた児童がいたとしたら、「音から文字を書いたんだね。素晴らしいね。でも英語ではこう書くんだよ」と、音と文字とを一致させようとした学習者の努力を積極的に評価していきましょう。

文の中で単語を書き入れる

　中学校につながる活動になりますが、小学校でかなり力がついた児童へのライティング活動として文を書くことが考えられます。これらの活動にはすべて絵などを使い、ある程度の意味が伝わるように工夫します。

1) 空所補充
　　空所補充(1)――単語の書き写し
　　空所補充(2)――単語を補充し，文を作り，その文を書き写す
　　空所補充(3)――文の書き写し
2) 品詞ごとに単語を与え，文を作成させる
3) 絵を見て文を書く

　詳しい内容については，これから続く活動を参考にしてください。それでは，これらの英語圏での研究や進められている指導法に基づき，日本人児童に適切な指導法を紹介します。

ここがポイント！

- ☑ 文字言語は second-order representation と言われる。
- ☑ ライティングには「文字に関する側面」と「文字を使って意思を表現・伝達するという，文を作る側面」がある。
- ☑ 母語話者は音と文字との関係を理解しなければライティングはできないと知るようになり，そこが早期リタラシーの重要なポイントである。
- ☑ 母語話者にとって，自分の名前を書くことは言語特有の特徴(language-specific)を知る最適な活動であり，この力が後のライティングの力を予測するといわれている。
- ☑ ハンドライティング(handwriting)，スペリング(spelling)，パンクチュエーション(punctuation)などは下位書写技能(low-order transcription skills)と言われ，明示的に教えることが効果的とされている。

活動 1	文字を写そう

目安時間：各 **3** 分

目的	(1)アルファベットの文字の字形に気をつけて，正確に書けるようにする。
教材	ワークシート

活動の進め方

下のようなワークシートを用意し，写字をさせる。

【ワークシート例(大文字)】

手本をよく見て，なぞり書きをしたあとは自分で書いてみましょう。

【ワークシート例(小文字)】

手本をよく見て，なぞり書きをしたあとは自分で書いてみましょう。

役に立つ英語表現

▶ Please copy the letter. （文字を写しましょう）

活動2 名前を聞いて文字を書こう

目安時間：各3分

目的	(1)アルファベットの名前を聞いて，その文字を書く。複数の文字を書く。
教材	アルファベットチャートとワークシート

活動の進め方(1)

活動1で取り扱ったコピー活動ではなく，アルファベットの名前を聞いて文字を書く活動である。黒板にアルファベットチャートを貼った上で，下のようなワークシートを用意して，アルファベットの名前を書き取らせる。最初は1文字ずつの書き取りから始め，しだいに複数文字を書くようにする。

■ 活動の留意点 ■

①文字を書く活動はアルファベット学習の最終的な活動になる。授業で書く作業を取り入れると時間がかかり，また個人差が明確に出るため全体的に授業を進めることが難しくなる。しかし，2章で紹介したように，単語を認識する力に対して「文字を書く力」のほうが「文字を読む力」に比べて強い相関関係がある。練習する文字数を限定して指導する。

②大文字の場合は26文字すべての高さが同じなので，大文字学習のときは4線上に書く練習は省いてもよい。

【ワークシート例（大文字の一文字書き取り）】

文字の名前を聞いて，大文字を書きましょう。

(1) _____ (2) _____ (3) _____ (4) _____

＊先生は，(1)B，(2)Q，(3)AZ，(4)PCF，などと言う。

【小文字ワークシートの例】

文字の名前を聞いて，小文字を書きましょう。

＊先生は，(1)m，(2)x，(3)vo，(4)cpe などと言う。

活動の進め方(2)

文字学習では，一文字書きから複数文字書きに移る。複数文字を書かせる場合は，次のように指導者が言う文字を書き取らせ，答え合わせをする。

先生：Please write three letters. H-A-T, H-A-T, H-A-T.
　　　Did you write them down? （と言いながら HAT と黒板に書く）
　　　What's this? （といって HAT を指す）
児童：It's HAT.
先生：How do you spell it?
児童：H-A-T.

■ 活動の留意点 ■
① HAT のように音声言語として慣れ親しんでいる単語を使う。
② 正解を黒板に書き，答え合わせをするが，一つの文字ごとに採点する。例えば HAT の場合は，全部正解すると 3 点になる。

役に立つ英語表現

▶ Listen to me carefully and write the letter that I say.
（よく聞いて私の言う文字を書きなさい）

活動3	音を聞いて文字を書こう(1)

目安時間：各3分

目的	(1)単語のオンセットを書くことで，音と文字との関係についての知識を定着させる。
教材	ワークシート，単語の音声

活動の進め方(1)

①下のようなワークシートを用意する。
②児童は単語例のような音源を聞き，共通する頭子音の文字を書く。

■活動の留意点■

①この活動に入る前に，文字と音について認識レベルの活動(例：4章の活動4)を十分していることが前提となる。
②文字と音の関係が理解できていても，文字を書く力が足りないとこの活動はできない。児童が自分自身でどのスキルが足りないのかを理解することが大切である。
③指導者は最初の音を少し強調したり，単独で言ったりして，児童の理解を助ける。

【頭子音のワークシート例(1)】

単語を聞いて共通する最初の音を小文字で書こう。

(1) ＿＿＿　　(2) ＿＿＿　　(3) ＿＿＿　　(4) ＿＿＿

＊単語例

(1) ruler, rabbit, rainbow　(2) lemon, lion, lettuce　(3) vest, vet, vine
(4) duck, doughnut, dolphin

活動の進め方(2)

①下のようなワークシートを用意する。
②児童は単語の音声を聞き，頭子音，または語尾子音を書く。

■活動の留意点■

①一つ前の活動とは異なり，文字を入れることで単語全体を提示する。文字と音の関連を知ることが単語認識に必要であることを確認する。
②頭子音の聞き分けと比べ，語尾子音の聞き分けは難しい。日本人は子音のあとに，存在しない母音を挿入して聞く傾向があるからである。語尾子音をしっかりと発音し，子音で単語が終わることを改めて確認させる。

【頭子音のワークシート例(2)】

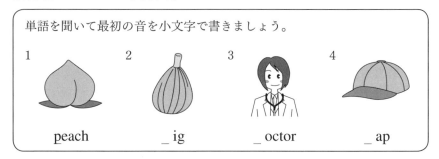

【語尾子音のワークシート】

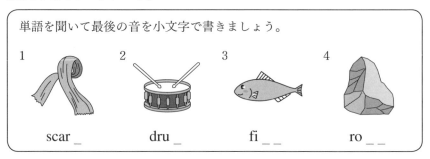

活動4　音を聞いて文字を書こう(2)

目安時間：3分

目的
(1)単語のオンセットを書くことで，音と文字との関係についての知識を定着させる。
(2)ライム(rime)を通して短母音の音に慣れていく。
(3)単語のスペルについて意識を高める。

教材　単語の音声，ワークシート

活動の進め方

①次ページのようなワークシートを用意する。
②ワークシートの1で，児童は単語の音声を聞き，例(cat)のように頭子音の文字を書き込む。
③ワークシートの1で完成させた単語を，2の適切な絵の下に書き写す。

■活動の留意点■

①この活動は文字と音の関係を教えることが第一目的であり，単語のスペルを教えることを目的としているわけではない。
②今までの活動(例：3章の活動3〜8，また4章の活動4と5など)からオンセット・ライムの認識ができていることが前提である。
③単語の最初の文字を書かせ，そののちに単語を書き写す活動をする。これは，文字と音の関連を知ることが単語認識につながることを確認させ，文字を音声化する訓練である。
④出題する単語は児童が音声で知っている単語(oral vocabulary)にする。
⑤児童はライティングを通して，より意識的に学習し，語彙に関する知識を定着させる。

役に立つ英語表現

▶ Listen to me carefully. Fill in the blanks with a letter.
　（よく聞いてください。空所を文字で埋めてください）
▶ Write each word under its picture.
　（絵の下に単語を書いてください）

【ライムのワークシート】

1　よく聞いて，最初の文字を書きましょう。

① ___cat___　　　② ___ig___
③ ___at___　　　④ ___ig___

2　単語の意味を表す絵の下に単語を書きましょう。

_____　　_____　___cat___　_____

音声：1 ② pig, ③ mat, ④ fig

活動 5 短母音が含まれる単語を書こう

目安時間：3分

目的	(1)短母音の音を理解して，文字に表す。 (2)文字と音との関係を意識的に学習する。 (3)音素に慣れる。
教材	単語の音声，ワークシート

活動の進め方

①児童は以下の順番で流れるそれぞれの音声を聞き，適切な文字を記入する。
　（例：　/æ/ → /æ//p/ → /k//æ//p/　文字は a → ap → cap）
②確認の意味で，絵を見て適当なスペルを記入する。

【短母音のワークシート例(1)】

音声を聞いて，最初に表の真ん中の母音を聞き，次に最後の子音，そして最後に初めの子音を書き入れましょう。横，縦の順に単語が読まれます。最後に右の絵にあわせて，できた単語を書きましょう。

＊枠の中の文字は参考のために入れており，実際は空欄の状態で児童に渡す。

■活動の留意点■

4章でも述べたように，日本語に相当する音がない短母音 /æ/, /ɑ/, /ʌ/ の認識は難しい。ここでは文字を書くことで，音の確認を助けている。

活動6 　**長母音が含まれる単語を書こう**

目安時間：3分

目的	(1)長母音を表す文字を書くことで，音と文字との関係についての知識を定着させる。 (2)単語のスペルについて意識を高める。
教材	単語の音声，ワークシート

活動の進め方

①下のような長母音を表す文字が空欄のワークシートを用意する。
②音声を聞き，(1)のように長母音を表す文字を書き込んで，単語を完成させる。

【長母音のワークシート】

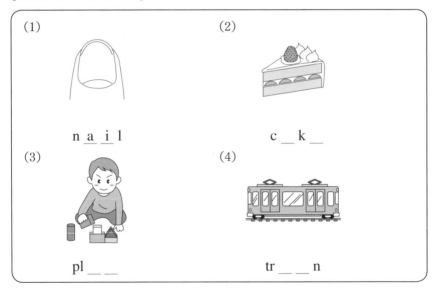

＊ワークシートの単語例
(2)cake，(3)play，(4)train

活動7 単語を挿入して文を作ろう

目安時間：5分

目的	(1)単語を理解して書く。 (2)単語を補充し，文の構成を理解する。 (3)書いた文を適切な速度やイントネーション，リズムで読む。
教材	ワークシート

活動の進め方
①下のワークシートに書かれている疑問文を全員で読み，内容を確認する。
②4線上にそれぞれ自分の好きなことを書かせる。
③単語などがわからないようであれば助言する。

■ 活動の留意点 ■
①ただの写字活動にならないように気をつけ，必ず音を思い出しながら書くように指導する。
②単語に関しては，児童が参考にできるような教材を準備する。

【ワークシート例】

質問に答えて英語を書きこみ，その絵を四角の中に描きましょう。

What animals do you like?
_____
I like _____.

What sports do you like?
_____
I like _____.

7章●ライティングの学習　197

活動 8　例文を参考に文を書こう

目安時間：10分

目的
(1)モデル文を音読し，その内容を理解する。
(2)モデル文を参考に自分の考えを書く。
(3)書いた文を適切な速度とイントネーションやリズムで読む。

活動の進め方

①ワークシートのモデル文を全員で読み，内容を確認する。
②モデル文を参考に，自分のことについて空欄に書くように指示する。
③単語などがわからないようであれば助言する。

【ワークシート例】

（モデル文）

This is my father.

He can play the guitar very well.

He can sing well too.

He is very funny.

I like my father very much.

モデル文を参考にして，自分の友達のことを英語で書いてみましょう。

_____
_____
_____
_____
_____

参考文献

Allen-Tamai, M. (2000). *Phonological Awareness and Reading Development of Young Japanese English Learners*. Unpublished Ed. D. dissertation. Temple University.

Allen-Tamai, M. (2012). Phonological awareness and development of word knowledge among young Japanese learners of English. *The Journal of ASIA TEFL Special Issue*. 1-28.

Allen-Tamai, M. (2018). Learning English from fairy tales: A Story-Based Curriculum for EFL learners. In F. Copland & S. Garton (Eds.) *TESOL VOICES-YOUNG LEARNER EDUCATION*. 59-65.

Adams, M. J. (1990). *Beginning to read / thinking and learning about print*. Cambridge, MA: The MIT Press.

Armbruster, B. B., Lehr, F., Osborn, J., & Adler, C. R. (2009). *Put reading first: The research building blocks of reading instruction : kindergarten through grade 3* (3rd ed.). Jessup, MD: National Institute for Literacy.

Ball, E., & Blachman, B. (1991). Does phoneme awareness training in kindergarten make a difference in early word recognition and developmental spelling? *Reading Research Quarterly, 26*, 49-66.

Beall, P. C. & Nipp, N. S. (2005). *WeeSing Children's songs and fingerplays*, 2005 edition. NY: Price Stern Sloan.

Blachowicz C. L. Z., & Fisher, P. J. (2015). Best practices in vocabulary Instruction. In L. B. Gambrell & L. M. Morrow (Eds.) Best Practices in Literacy Instruction, 4th Edition. (pp.195-222). New York, NY: The Guilford Press

Brand, R. J., Baldwin, D. A., & Ashburn, L. A. (2002). Evidence for 'motionese': Modifications in mothers' infant-directed action. *Developmental Science, 5*, 72-83

Bruner, J. (1983). *Child's Talk: Learning to Use Language*. Oxford: Oxford University Press.

Bryant, P., Bradley, L., MacLean, M., & Crossland, J. (1989). Nursery rhymes, phonological skills and reading. *Journal of Child Language, 16*, 407-428.

Cameron, L. (2001). *Teaching Languages to Young Learners*. Cambridge: Cambridge University Press.

Chall, J. (1967). *Learning to Read: The Great Debate*. McGraw Hill

Chall, J. (1983). States of Reading Development. NY: McGraw Hill.

Chall, Jacobs, V. A., & Baldwin, L. E. (1990). *The reading crisis: Why poor children fall behind*. Cambridge, MA: Harvard University Press.

Cisero, C. A., & Royer, J. M. (1995). The development and Cross-Language Transfer of Phonological Awareness. *Contemporary Educational Psychology, 20*, 275-303.

Claire, E. (1998). *ESL teacher's activities kit*. Paramus, NJ: Prentice Hall.

Commonwealth of Australia. (2005). Teaching Reading Literature Review (research.acer. edu.au/cgi/viewcontent.cgi 平成 30 年 11 月 29 日アクセス))

Coyle, D., Hood, P, & Marsh, D. (2010). *Content and Language Integrated Learning*. Cambridge: Cambridge University Press

Crain, W. (2000). *Theories of Development*. NJ: Prentice-Hall, Inc.

Dickinson, D. K., Golinkoff, R. M., & Hirsh-Pasek. (2010). Speaking out for language: why language is central to reading development. *Educational Researcher, 39(4)*. 305-310

Dyson, A. H. & Freedman, S. W. (2003). Writing. In J. Flood, D. Lapp, J. R. Squire & J. M. Jensen (Eds.) *Handbook of research on teaching the English language arts* (pp. 967-992). Mahwah, NJ: Erlbaum.

Ediger, A. (2001). Teaching Children Literacy Skills in a Second Language. In Celce-Murcia, M. (Ed). *Teaching English as a Second or Foreign Language 3rd Edition* (pp.153-169). Boston, MA: Heinle & Heinle.

Ehri, L. C., Nune, S. R., Willows, D. M., Schuster, B. V., Yaghoub-Zadeh, Z., & Shanahan, T. (2001). Phonemic awareness instruction helps children learn to read: Evidence from the National Reading Panel's meta-analysis. *Reading Research Quarterly, 36, 3*, 250-287.

Ehri, L. (2006). Alphabetics instruction helps students learn to read. In Joshi, R. M & Aaron, P. G. (Eds.). *Handbook of Orthography and Literacy* (pp649-677). New York, NY: Routledge.

Elley, W. B. (1989). Vocabulary acquisition from listening to stories. *Reading Research Quarterly, 24*, 174-187.

Freeman, Y. S., & Freeman D. E. (1992). *Whole Language for Second Language Learners*. Portsmouth, NH: Heineman.

Fu, D & Matoush, M. M. (2015). *Focus on Literacy*. Oxford, Oxford University Press.

Gambrell, L., Pfeiffer, W., & Wilson, R. (1985). The effects of retelling upon reading comprehension and recall of text information. *Journal of Educational Research, 78*, 216-220

Gambrell, L., Koskinen, P. S., & Kapinus, B. A. (1991). Retelling and the reading comprehension of proficient and less-proficient readers. *Journal of Educational Research, 84*, 356-362

Garton, A., & Pratt, C. (1998). *Learning to be literate: The Development of Spoken and Written Language. 2nd Edition*. Wiley-Blackwell

Gimson, A. C. (1980). *An Introduction to the Pronunciation of English*. London: Edward Arnold.

Goodman, K. (1967). Reading: A psycholinguistic guess game. *Journal of the Reading Specialist, May*, 126-135.

Gough, P.B. & Tunmer, W.E. (1986). Decoding, reading and reading disability. *Remedial* and *Special Education, 7(1)*, 6-10.

Graham, S. & Harris, K. R. (2016). A path to better writing: Evidenced-based practices in the classroom. *The Reading Teacher, 69 (4)*, 359-365.

Goswami, U., & East, M. (2000). Rhyme and analogy in beginning reading: Conceptual and methodological issues. Applied Psycholinguistics 21:1. 63-93

Hatcher, P. J., Hulme, C., & Ellis, A. W. (1994). Ameliorating early reading failure by integrating the teaching of reading and phonological skills: The phonological linkage hypothesis. *Child Development, 65*, 41-57.

Hall, A. H., Simpson, A., Guo Y. & Wang, S.(2015). Examining the effects of preschool writing instruction on emergent literacy skills: A systematic review of the literature. *Literacy Research and Instruction, 54*, 115-134

Isbell, R. (2002). Telling and retelling stories: Learning language and literacy. Young Children. (http://www.naeyc.org/yc/files/yc/file/200203/Isbell_article_ March_2002. pdf 平成30年11月29日アクセス)

Isbell, R., Sobol, J., Lindaucer, L. & Lowrance, A. (2004). The effects of storytelling and story reading on the oral language complexity and story comprehension of young children. *Early Childhood Education Journal, vol. 32(3)*. 157-163

Kelly, S. D. McDevitt, T., & Esch, M. (2009). Brief training with co-speech gesture lends a hand to word learning in a foreign language. *Language and Cognitive Processes, 24(2)*, 313-334.

Kessler, B., & Treiman, R. (1997). Syllable structure and the distribution of phonemes in English syllables. *Journal of Memory and Language 37(3)*. 295-311.

Koterba, E. A., & Iverson, J. M. (2009). Investigating motionese: The effect of infant-directed action of infants' attention and object exploration, *Infant Behavior and Development, 32(4)*, 437-444

Krashen S. D. (1977). The monitor for adult second language performance. In Burt, M. (Ed.) *Viewpoints on English as a Second Language*. New York: Regents.

Kuhn, M. R., & Rasinski, T. (2015). Best practices in fluency instruction. In L. B. Gambrell & L. M. Morrow (Eds.) Best Practices in Literacy Instruction, 4th Edition. (pp.268-287). New York, NY: The Guilford Press

Lightbown, P., & Spada, N. (2013). *How Languages are Learned. 4th Edition*. Oxford: Oxford University Press.

Mackay, D. (1972). The structure of words and syllables: Evidence from errors in speech. *Cognitive Psychology, 3*, 210-227

Mazuka, R., Cao, Y., Dupoux, E., Christophe, A. (2011). The development of phonological illusion: A cross-linguistic study with Japanese and French infants, *Developmental Science* 14 (4), 693-699.

Maclean, M., Bryant, P., & Bradley, L. (1987). Rhymes, nursery rhymes, and reading in early childhood. *Merrill-Palmer Quarterly, 3(33)*, 255-281.

McBride-Chang, C. (1995). What is phonological awareness? *Journal of Educational Psychology, 87(2)*, 179-192.

Miller, S. & Pennycuff, L. (2008). The power of story: Using storytelling to improve literacy learning. *Journal of Cross-disciplinary Perspectives in Education. Vol 1(1)*. 36-43

Morrow, L. (1985). Retelling stories: A strategy for improving young children's comprehension, concept of story structure, and oral language complexity. *The Elementary School Journal 85*, 647-661

National Early Literacy Panel. (2008). *Developing early literacy: Report of the National Early Literacy Panel*. Washington, DC: National Institute for Literacy. (http://www.nifl.gov/earlychildhood/NELP/NELPreport.html 平成 30 年 11 月 29 日アクセス)

National Reading Panel. (2000). Report of the National Reading Panel: Teaching children to read. Washington, DC: National Academy Press. (https://www.nichd. nih.gov/ sites/default/files/publications/pubs/nrp/Documents/report.pdf 平成 30 年 11 月 29 日アクセス)

Nicholson, T. (2003). Risk factors in learning to read, and what to do about them. In B. Foorman (Ed.) *Preventing and remediating reading difficulties: Bringing science to scale*. (pp 165-193). Timonium, MD: York Press.

Perfetti, C. A., & Landi, N., & Oakhill, J. (2005). The acquisition of reading comprehension skills. In M. J. Snowling, & C. Hulme (Eds.), *The science of reading: A handbook*. 227-247. Malden, MA: Blackwell Publishing.

Pinnell, G. S., Pikulski, J. J., Wixson, K. K., Campbell, J. R., Gough, P. B., & Beatty, A. S. (1995). *Listening to children read aloud*. Washington, DC: Office of Educational Research and Improvement, U. S. Department of Education.

Puranik, C. S. & Lonigan, C. J. (2011). From scribbles to scrabble: Preschool children's developing knowledge of written language. *Reading and Writing, 24(5)*, 567-589.

Rasinski, T. V. (2005). The role of the teacher in effective fluency instruction. *New England Reading Association Journal*, 41, 9-12

Rosenberg, M. (2000). *Learning Sight Words is Easy!* NY: Scholastic.

Roskos, K. A., Tabors, P. T., & Lenhart, L A. 2009. *Oral Language and Early Literacy in Preschool: Talking, Reading*, and Writing. International Reading Association.

Ruddell, R.B. & Unrau, N.J. (2004). Reading as a meaning-construction process: The reader, the text, and the teacher. In R.B. Ruddell & N.J. Unrau (Eds.), *Theoretical models and processes of reading, 5th ed.*, 1462-1521. Newark, DE: International Reading Association.

Sawyer, D. J., & Fox, B. J. (1991). *Phonological awareness in reading*. New York; Springer-Verlag New York Inc.

Shanahan, T., & Lonigan, C. (2012). The role of early oral language in literacy development. Language Magazine-the Journal of communication and education.

(http://languagemagazine.com/?page_id=5100 平成 30 年 11 月 29 日アクセス)
Share, D., Jorm, A., Maclean, R., & Matthews, R. (1984). Sources of individual differences in reading acquisition. *Journal of Educational Psychology, 76*, 1309-1324.
Snow, M. A. (2001). Content-Based and Immersion Models for Second Language and Foreign Language Teaching. In Celce-Murcia, M. (Ed). *Teaching English as a Second or Foreign Language 3rd Edition* (pp.303-318). Boston, MA: Heinle & Heinle.
Snow, C. E. (1977). The development of conversation between mothers ad babies. In Franklin, M. B. and Barten, S. S. *Child Language/A Reader* (pp.20-35). Oxford University Press.
Snow, C. E. (1991). The language of the mother-child relationship. In M. Woodhead, R. Carr, & R. Light (Eds.). *Becoming a person: Child development in social context* (pp. 195-210). Florence, KY: Taylor & Frances/Routledge.
Snow, C. E., Burns, M. S. & Griffin, P. (1998). *Preventing Reading Difficulties in Young Children*, National Academy of Sciences-National Research Council
Stackhouse, J & Wells, B. (2001). Children's Speech and Literacy Development Vol.2, Whurr Pulishing ltd.
Stahl. S. A. (2002). Teaching Phonics and Phonological Awareness. (Eds.) Neuman, S. & Dickinson, D. *Handbook of Early Literacy Research*, New York: The Guilford Press
Stanovich, K. E. (1991). The psychology of reading; Evolutionary and revolutionary developments, *Annual Review of Applied Linguistics, 12,* 3-30.
Swain, M. (1985). Communicative competence: Some roles of comprehensible input and comprehensible output in its development. In Gass, S. M. & Madden, C. G. (Eds.), *Input in second language acquisition* (pp. 235-253). Rowley, MA: Newbury House.
Treiman, R., Tincoff, R., & Rashotte, C. A. (1994). Beyond zebra: Preschoolers' knowledge about letters. *Applied Psycholinguistics 18*, 391-409
Treiman, R., Tincoff, R., & Richmond-Welty, D. (1996). Letter names help children to connect print and speech. *Developmental Psychology 32(3):*505-514
Treiman, R. (2006). Knowledge about letters as a foundation for reading and spelling. In Joshi, R. M & Aaron, P. G. (Eds.). *Handbook of Orthography and Literacy* (pp581-599). New York, NY: Routledge.
Wagner, R. K., & Torgesen, J. K. (1987). The nature of phonological processing and its causal role in the acquisition of reading skills. *Psychological Bulletin, 101* (2), 192-212
Whitehurst, G.J. & Lonigan, C. J. (2002). Emergent Literacy: Development from prereaders to Readers. In S. B. Neuman & D. K. Dickinson, (Eds.) *Handbook of Early Literacy Research.* (pp. 11-29). New York: The Guilford Press
UNESCO (2004) The plurality of literacy and its implications for policies and programs. (http://unesdoc.unesco.org/images/0013/001362/ 136246e.pdf, 平成 30 年 11 月 29 日アクセス)

Vale, D., & Feunteun, A.（1995）. *Teaching children English: a training course for teachers of English to children.* Cambridge: Cambridge University Press.

アレン玉井光江(2010)『小学校英語の教育法──理論と実践』大修館書店

アレン玉井光江(2011)『ストーリーと活動を中心にした小学校英語』小学館集英社プロダクション

アレン玉井光江(2013a)『Story Trees──ストーリーと活動を中心にした小学校英語』小学館集英社プロダクション

アレン玉井光江 (2013b)「公立小学校におけるストーリーを中心にした授業の実践──音声言語の発達──」『ARCLE REVIEW』vol. 8, pp. 46-55.

アレン玉井光江 (2014)『Story Trees 2──ストーリーと活動を中心にした小学校英語』小学館集英社プロダクション

アレン玉井光江，松永結実 (2018)「外国語教育における音声言語の発達とジェスチャー──物語を中心にしたカリキュラムを使って──」『日本児童英語教育学会(JASTEC)研究紀要第 37 号』19-34

内田伸子(1999)『発達心理学』岩波書店

沖原勝昭(1984)『英語のライティング(英語教育学モノグラフ・シリーズ，垣田直巳監修)』大修館書店

窪薗晴夫，太田聡(1998)『音韻構造とアクセント』研究社出版

窪薗晴夫，本間猛(2002)『音節とモーラ』研究社出版

松村幹男(1984)『英語のリーディング(英語教育学モノグラフ・シリーズ，垣田直巳監修)』大修館書店

茂呂雄二(1997)『なぜ人は書くのか』東京大学出版会

文部科学省(2005)『小学校英語活動の手引き』開隆堂

文部科学省(2014)「グローバル化に対応した英語教育改革の五つの提言」(http://www.mext.go.jp/b_menu/shingi/chousa/shotou/102/ houkoku/　1352460.htm, 2019 年 1 月 3 日アクセス)

文部科学省(2017a)『小学校学習指導要領(平成 29 年告示)解説　外国語活動・外国語編』開隆堂

文部科学省(2017b)『小学校外国語活動・外国語研修ガイドブック』旺文社

文部科学省(2018)『Let's Try 1』『Let's Try 2』東京書籍

文部科学省(2018)『We Can! 1』『We Can! 2』東京書籍

中島平三，外池慈生(2000)『言語学への招待』大修館書店

索引

【あ行】

アウトプット仮説　130
アナリティック・フォニックス（Analytic Phonics）　82-83
アルファベット・カルタ　37
アルファベット・ジェスチャーゲーム　35
アルファベット・ソング（The Alphabet Song）　34-35
アルファベット伝言ゲーム　40
アルファベットの原則（alphabet principal）　20, 82, 91
アルファベット・ビンゴ　39
アルファベット・ミッシングゲーム　41
暗示的な教え方（implicit teaching）　152-154, 161
意識的な教え方／意識的な学習（explicit teaching）　150-151, 161
意図的学習（intentional learning）　150-151
意味（semantics）　121, 129
意味理解に重点を置いたアプローチ（meaning-emphasis approach）　18
『We Can!』　15
歌　59, 61-64, 125, 133-143
『英語ノート』　14
オーディオリンガル・アプローチ（audio-lingual approach）　130
音韻（phonology）　121, 129
音声学的要素（prosody）　156
音声単語（oral vocabulary）　149-150
オンセット・ライム（onset-rime）　51-52, 56-60 など
音素結合（phoneme blending）　53
音素削除（phoneme deletion）　53
音素照合（phoneme identity）　53
音素体操　91〜99
音素取り出し（phoneme isolation）　53
音素認識能力（phonemic awareness）　50-51, 84-85
音素分節（phoneme segmentation）　53
音素分類（phoneme categorization）　53

【か行】

開音節（open syllable）　55
解釈する力（comprehension）　87
下位書写技能（lower-order transcription skills）　175
解説文・説明文（expository prose）　174
学習指導要領　12-17, 91, 153-154, 181-183
活動重視アプローチ（activity-based approach）　131, 144-146
脚韻（ライム：rhyme）　51-52, 59-60

形態素（morphology） 121, 129
外界を認識する知識の枠組み（スキーマ） 18, 122
消しゴムゲーム 59, 69-70
言語体験アプローチ（language experience approach） 18
言語特有の特徴（language-specific features） 175
言葉の使い方（pragmatics） 121, 129
言葉を理解・解釈する力（language comprehension） 121, 123, 132

【さ行】

サイト・ワード・メソッド（sight word method） 18, 87, 148, 154, 166-167
サイト単語（sight vocabulary） 154
サウンド・テニス 59, 78
受信単語（receptive vocabulary） 148
ジョイント・ストーリーテリング（Joint Storytelling） 129-131
『小学校外国語活動・外国語 研修ガイドブック』 17
『小学校の英語活動実践の手引き』 13
初期リタラシーに関する全米調査委員会（National Early Literacy Panel） 24, 119
シンセティック・フォニックス（synthetic phonics） 82-83
ストーリーテリング（storytelling） 126-129, 153
素早く自動的に読める力（automaticity） 156
正確に読む力（reading accuracy） 155
精神的な推測ゲーム（psychological guessing game） 18
総合的な学習の時間 12
創作的スペル（creative spelling） 174

【た行】

ダイグラフ（2字1音） 90, 104-105
単語読み／単語を読み理解する力（word reading） 121, 123, 132
短母音 90-91, 107-110, 113-114, 162-163, 195
チャンツ 59, 65～68, 125
長母音 90-91, 111-116, 164-165, 196
「つかまえた！」ゲーム 59, 77
テキスト解釈（text comprehension） 22
頭韻（alliteration） 52
統語（syntax） 121, 129
読解力（reading comprehension） 155
トップダウン・アプローチ（top-down approach） 18-19

【な行】

内容言語統合型学習（content language integrated learning） 131
内容重視アプローチ（content-based approach） 125, 131, 144-146
ナラティブ・物語文（narrative） 174
難読症（dyslexia） 83
ニュー・フォニックス（New Phonics） 83-84

【は行】
ハイ・テンゲーム　59, 73-74
『Hi, friends!』『Hi, friends! Plus』　14
発信単語（productive vocabulary）　148
発明スペリング（invented spelling）　174, 184
フォニックス・アプローチ（phonics approach）　18
付随的学習（incidental learning）　150-154
不透明言語（opaque language）　87
普遍的特徴（universal features）　175
プロソディック・リーディング（prosodic reading）　156
文学を中心としたアプローチ（literature-based approach）　18
文を後ろから繰り返すテクニック（backward build-up drill）　159
閉音節（closed syllable）　55
ベイサル・リーダー・アプローチ（basal reader approach）　18
ベイサル・リーディング・プログラム　83
弁別特徴（distinctive features）　27
ホール・ランゲージ・アプローチ（whole language approach）　18-19, 124
ホール・ワード・メソッド（whole word method）　87
ボディ・コーダ（body coda）　56-58
ボトムアップ・アプローチ（bottom-up approach）　17, 19
本の読み聞かせ（shared storybook reading）　153

【ま行】
マザーグース　52, 61-64, 125
マザーリーズ（child-directed speech）　130
メロディック・リーディング（melodic reading）　156
モーショニーズ　131
モーラ　47-48, 122

【や行】
読める単語（reading vocabulary）　149-150

【ら行】
リーディングに関する全米調査委員会（National Reading Panel）　21, 24, 54, 153
流暢さ（fluency）　22, 148, 155, 157-159
リンギスティック・アプローチ（linguistic approach）　18
『Let's Try!』　14, 16
ローマ字　28, 79-80

【わ行】
ワード・サーチ　33

■著者紹介

アレン玉井 光江 （アレンたまい みつえ）

広島県広島市生まれ。青山学院大学英米文学科及び同研究科教授。日本児童英語教育学会理事。Notre Dame De Namur University で B. A. in English を，サンフランシスコ州立大学で M. A. in TESL/TEFL を，テンプル大学で教育学博士号（Doctor of Education）を取得。専門は幼児・児童英語教育と第二言語習得。主な著書に『ストーリーと活動を中心にした小学校英語』（小学館集英社プロダクション），『小学校英語の教育法』（大修館書店）など。

カバーデザイン ──── 長谷川理（phontage Guild）
カバーイラスト ──── イグルーダイニング
本文デザイン・組版 ── 株式会社明昌堂
本文イラスト ────── 株式会社明昌堂，野上沙織
編集 ─────────── 岡本知之，小島卓（東京書籍）

小学校英語の文字指導
リタラシー指導の理論と実践

2019年3月1日　第1刷発行

著　者 ────── アレン玉井光江
発行者 ────── 千石雅仁
発行所 ────── 東京書籍株式会社
　　　　　　　　東京都北区堀船2-17-1　〒114-8524
　　　　　　　　電話 03-5390-7531（営業）　03-5390-7526（編集）
印刷・製本 ──── 株式会社リーブルテック

ISBN 978-4-487-81206-6 C0082

Copyright © 2019 by Allentamai Mitsue
All rights reserved. Printed in Japan

乱丁・落丁の場合はお取り替えいたします。
定価はカバーに表示してあります。